名人家风丛书

坦易家国赤子心
——梁启超与梁氏家风

本书系2015年马克思主义理论研究和建设工程重大项目暨国家社科基金重大项目"中华优秀传统文化的创造性转化与创新性发展研究"阶段性成果。

名人家风丛书

徐梓 主编

坦易家国赤子心
——梁启超与梁氏家风

杨阳 著

中原出版传媒集团
中原传媒股份公司

大象出版社
·郑州·

图书在版编目(CIP)数据

坦易家国赤子心:梁启超与梁氏家风/杨阳著.— 郑州:大象出版社,2018.6(2018.11重印)
(名人家风丛书/徐梓主编)
ISBN 978-7-5347-9823-8

Ⅰ.①坦… Ⅱ.①杨… Ⅲ.①家庭道德—中国②梁启超(1873-1929)—家族—史料 Ⅳ.①B823.1②K820.9

中国版本图书馆 CIP 数据核字(2018)第 128936 号

名人家风丛书

徐 梓 主编

TANYI JIAGUO CHIZI XIN

坦易家国赤子心
——梁启超与梁氏家风

杨 阳 著

出 版 人	王刘纯
总 策 划	郑强胜
责任编辑	李婧慧 毛 路
责任校对	裴红燕
书籍设计	王莉娟

出版发行	大象出版社(郑州市开元路 16 号 邮政编码 450044)
	发行科 0371-63863551 总编室 0371-65597936
网 址	www.daxiang.cn
印 刷	洛阳和众印刷有限公司
经 销	各地新华书店经销
开 本	890mm×1240mm 1/32
印 张	7.75
字 数	164 千字
版 次	2018 年 6 月第 1 版 2018 年 11 月第 2 次印刷
定 价	31.00 元

若发现印、装质量问题,影响阅读,请与承印厂联系调换。
印厂地址 洛阳市高新区丰华路三号
邮政编码 471003 电话 0379-64606268

总　序

　　一个人有一个人的气质，一个国家有一个国家的性格。一个家庭在长期的延续过程中，也会形成自己独特的风气。这样一种看不见的风尚习惯、摸不着的精神风貌，以一种隐性的形态存在于特定家庭的日常生活之中，家庭成员的一举手、一投足，无不体现出这样一种习性。这就是家风。

　　"家风"一词，最早见于西晋著名文学家潘岳的诗中。与潘岳有"双璧"之称的夏侯湛，自恃文才超群，将《诗经》中有目无文的六篇"笙诗"补缀成篇。潘岳为与友人唱和，写作了《家风诗》。在这首诗中，作者通过歌颂祖德、称美自己的家族传统以自勉。

　　"家风"又称"门风"，这个词语在西晋出现并在随后流行，显然和"士族""世族""势族""大族""世家大族"成为社会上的统治力量有关。无论是以宗族为根基、以武力为特质的地方豪族，还是以官宦为标志、以文化为表征的名家大姓，他们政治上累世贵显，经济上广占土地，文化上世传家学，垄断了全社会的主要资源。除通过九品中正制和婚姻关系来维护门阀制度之外，他们还自矜门户、标树家风，用以抵御皇权和寒人的侵渔。正因为如此，两晋以后，这个词语渐次流行。从发轫之初，"家风"就往往和"门风"互用。我们可以将它理解为家庭的风气，将它看作一个家庭的传统、一个家庭的文化。

传统作为人类代代相传的行事方式，是从过去延传到现在的事物。没有经过较长时间的过滤和沉淀，就形成不了传统。在《论传统》的作者希尔斯看来，至少要持续三代人，才能成为传统。尽管世代本身的长短不一，但无论是信仰还是行动范式要成为传统，至少需要三代人的两次延传。家风作为特定家庭的传统，是该家庭长时期历史汰选、传统沉淀的结果，是一辈又一辈先人生活的结晶。在历史文献中，"家风"或与"世德"共举，或与"世业"并称，足见家风有别于时尚，而与"世"即很多年代、好几辈子紧密关联。在时间上持续的短暂性是时尚的特征，而家风则是历经延传并持久存在，或者在子孙后代身上一再出现的东西。正是在这个意义上，历史文献中提及"家风"一词，往往蕴含对传统的继承。如比比皆是的"不坠家风""世守家风""克绍家风""世其家风"及"家风克嗣"等，无不体现了这一特点。

有一种观点认为，家风必须是健康的、积极向上的，否则，不能称之为家风。实际上，这只是说者的一种期许、一种渴盼，家风本身并不蕴含这样的意味。否则，"良好家风"就是毫无意义的同义反复。正如"文化"是使民族之间表现出差异性的东西，时时表现着一个民族的自我和特色一样，家风作为家庭的文化和传统，表现的也是一个家庭的气质和风习，反映出一个家庭与其他家庭的不同之处。它完全是一个中性的概念，并不必然具有正面的意义。有的家风可能是勤奋俭朴、为人忠厚、待人有礼，也有的家风可能是狡诈刻薄、游荡为非、跋扈凶横。如同一所学校、一个班级的风习我们称之为校风、班风，而校风有好坏之分，班风有高下之别，并不总是值得弘扬一样，家风同样也有不良的，并不都是传家宝。正因为如此，对家风或门风则就既有称誉，也有贬损。即便是在传统社会，被视为传家久、继世长的，也只有耕读、忠厚、清廉这样一些美好的品质。

的确，家风的特征在前现代、在乡村社会、在大家庭中表现得十分鲜明，格外生动，而在现代城市家庭中却不那么明显。但是，只要一个组织存在，就会有这个组织的文化，特别是这个组织如果有历史的厚重，有传统的积淀，就更是如此。作为家庭的文化，家风是附丽于家庭而存在的，只要有家庭，就会有家风。家风并不必然会因为农村的城市化、大家族被小家庭所取代而丧失，或者说，随着历史的演进，社会情势的变化，家风的具体内容肯定会有变化，但家风仍然会存在。在社会结构和家庭结构都发生了革命性变革的当今社会，人们感叹"家风"的荡然无存，其实是指家庭所秉持的"只耕田，只读书，自然富贵；不欠债，不健讼，何等安宁"这样一些古典原则的式微，是指"耕读两途，读可荣身耕可富；勤俭二字，勤能创业俭能盈"这样一些传统内容的沦落，是"志欲光前，惟是诗书教子；心存裕后，莫如勤俭传家"这样一些旧时理念的散淡，而不是家风本身的消逝。

此外，家风不同于家规。虽然这两个词都与家庭教育相关，但它们有着本质的差异。

家规是家庭或家族中的规矩，是家人所必须遵守的规范或法度，是父祖长辈为后代子孙所制定的立身处世、居家治生的原则和教条。它是借助尊长的权威，加之于子孙族众的又一重道德约束，有的甚至具有法律效力。它有家训、家诫、家仪、家教、家法、家约、家矩、家则、家政、家制等名义，有敬祖宗、睦宗族、教子孙、慎婚嫁、务本业、励勤奋、尚节俭等多方面的内容，是行于口头、针对性强的具体教诫，是见诸家书、目的明确的谆谆训诲，是载诸家谱、可供讽诵的文本规条。家规可以有多种分类，如：根据其表现形式，可以分为教诫活动的家规和文献形式的家规两种；根据内容，则可以分为针对一人一事、起因明确、内容具体、结果显豁的非规范性家规和针对整个人生、涉及方方面面的规范性家规。有的家规，着重家庭子弟的道德修养，教授为人处世要法；有的家规，集中居家治生，以至是祠堂、义庄、学塾等的管理规条。但无论如何，相对于家风，家规一个总的特点是有形的，是可视可见的。

一个家庭的家风有别于这个家庭世代相传的道德准则和处世方法，它是一个家庭的性格特征。虽然它一旦形成，也就成为教化的资源，对家族子弟具有熏染影响、沾溉浸濡的意义，但它是一种不必刻意教诫或传授，仅仅通过耳濡目染就能获得的精神气质，具有"润物细无声"的作用。历史文献中的"渐渍家风"，就极为生动形象地诠释了这一过程。通俗地说，我们可以把家规看作教化家人的教科书，而家风则是经由长期教化后的结果。

2014年春节期间，中央电视台的"家风"系列报道，引起了社会的热烈反响和高度认同。这一报道对于引导人们自觉省思，培植良好的家风，构建和谐的家庭关系，夯实家庭这一社会的堡垒，进而培养全社会的良风美俗，疗治现今社会的乱象，无疑具有积极的意义。正是基于这样一种用心，《寻根》杂志主编郑强胜代表大象出版社，约请我主编这套"名人家风丛书"。

第一辑十种出版之后，广受读者好评、社会欢迎。众多媒体都曾予以推荐，并入选国家新闻出版广电总局向全国青少年推荐百种优秀出版物、入选第二届中华优秀传统文化普及图书50种图书推荐目录，出版社也一印再印。受这种情势鼓舞，强胜兄按此前我们商议好的计划，不失时机地敦促我们启动了第二辑的编写工作。2016年5月18日，他给我发来了《"名人家风丛书"第二辑编写建议》，第二辑的编写工作由此启动。

受2015年马克思主义理论研究和建设工程重大项目暨国家社科基金重大项目"中华优秀传统文化的创造性转化与创新性发展研究"首席专家于丹教授的邀请，我担任了这一课题子课题"当代中国伦理文明与家教门风的重建"的负责人一职。本辑十种的编写，也是该子课题研究工作的一部分，并受到了该课题的资助，王立刚居中做了大量的工作。

本辑的编写者，依然主要是我的学生，也吸纳了个别对此有热情、有研究的朋友参加。由于时间仓促，特别是水平所限，其中肯定会有这样或那样的问题，诚挚地希望读者不吝赐教，以便我们把这项工作做得更好。

北京师范大学国学经典教育研究中心　徐梓
2018年1月

目录

引言　1

第一章　世德清芬祖父母　3
第一节　半为农者半为儒　4
第二节　孝事其亲行有恒　14
第三节　相夫教子贤内助　22

第二章　雏凤清于老凤声　29
第一节　十岁的神童　30
第二节　十二岁的秀才　36
第三节　十七岁的举人　43
第四节　二十岁的维新派　53

第三章　无情未必真豪杰　63
第一节　断发胡服走扶桑　64
第二节　莫愁前路无知己　70
第三节　稚子牵衣问归来　82

第四节　相见时难别亦难　　90

第四章　怜子如何不丈夫　105
　　　第一节　遥怜小儿女　106
　　　第二节　子女皆是债　114
　　　第三节　夫妻生别离　124

第五章　几度乘风问起居　131
　　　第一节　忧子情难禁　132
　　　第二节　每思骨肉远　151
　　　第三节　迢迢两地分　169

第六章　一门九子皆才俊　187
　　　第一节　连枝且同气　188
　　　第二节　棠棣久飘零　194
　　　第三节　羁离各长成　200

附录　任公家事小记　223

参考书目　228

引 言

在中国近代史上,梁启超是大名鼎鼎的人物。

他是维新派领袖,清华国学院四大导师之一,"学通古今中外,身阅坏空成住",被赞为"言满天下,名满天下"。然而,更令他誉满天下的,还是"一门三院士,九子皆才俊"。这种齐家教子的功夫,在后人的口口相传中,化为近现代的传奇。

传奇的起点,是"中国极南之一岛"。

第一章

世德清芬祖父母

一条清可见底的小溪,一带长满松竹的矮山,一座建于明代的高塔,围成了一个西江入海之冲的村庄。正是此地哺育出的梁启超,自称为"中国极南之一岛民也",这是何故呢?

原来,该村名为茶坑,由广东省新会县管辖。虽然名字很普通,在全国大约有十五个同名的村庄,但是只有这个茶坑村,右朝南海巨浪,左面珠江丽景,位居河海相隔而成的七座小岛中央。故而,梁启超才有此一说。

这是后话。只说咸丰四年(1854),这座极南之地的小村庄,正面临着"洪逆披猖",情势十分危急。

第一节　半为农者半为儒

眼见四方烽起，眼见无赖纵横，眼见县城被困，眼见兵匪之患临头，茶坑村村民们无不胆战心惊，惶惶不安，忧心忡忡，不知何方可安。

就在此刻，有一人振臂一呼，竭诚规划，帷幄筹谋，一举克定，最终守护了茶坑村的平安与祥和。

此人，便是梁维清。

一、成立保良会

梁维清，字延后，号镜泉先生，是梁启超的祖父。面对匪患，他不惊不惧，胸有成竹，经过考量，联合众人，成立了保良会。

保良会，顾名思义，是为保护良善百姓而设。在时人看来，这真是再合时宜不过了。因为咸丰四年（1854），正是兵连祸结的灾年。

从正月到十二月，清廷与太平天国数度交战，从北到南，硝烟弥漫。

而英、法、美三国公使趁机发难，意图修改《南京条约》，并控制了上海海关。国家既乱，民何以安？大城不保，小城何全？

就在战乱之中，新会县城日益陷入困顿，离城仅十余里的茶坑村自然也面临着危机。而更大的考验，在于人心。中国古代的老百姓，往往是一辈子扎扎实实地耕种养家，一辈子踏踏实实地辛勤干活，一辈子老老实实地生活劳作。在农民眼中，一遇叛乱，自然是坏人心思变，好人心求安。

于是，太平天国的天王洪秀全自然成为百姓眼中的"洪逆"①。洪秀全所创的"拜上帝教"，也自然成为普通农民眼中的"邪教"。而恰巧是广东人的洪秀全，其信徒中自然也有不少广东人。于是，广东境内的新会县，自然是局势紧张之地。

看着愚昧教徒蜂起困城，看着无良之徒渐起邪念，看着地痞恶棍乘乱作恶，梁维清当机立断，带领保良会成员认真操练，严密巡逻，对不善行为力行禁止。最终，本乡之中未出一个乱民，保良会也因除暴安良而美名远播，创办者梁维清更是声名远扬。人们提起他，不由得要赞一声"文武兼济梁镜泉"。

然而，面对着欢欣庆贺的乡民，梁维清却没有太多喜色，因为这一年的乱局，早在他意料之中。出生于嘉庆二十年（1815）的梁维清，此时刚好四十岁，正是不惑之年。他清晰地记着十二年前的一桩桩往事。

那是道光二十二年（1842）三月，皇帝的侄儿奕经反攻宁波、镇海，

---

① 佳木在《梁启超故乡述闻》一文中记述，梁维清"尝称扬洪秀全的革命义举"。但是，叶大焯《镜泉梁老先生寿庆序》中依然写作"洪逆披猖"，并被梁家接受。可见，梁维清对洪秀全的态度并不明朗。

被英军打败。同年五月，英军攻陷乍浦。紧接着六月，英军又攻陷吴淞、宝山，江南提督陈化成战死。之后的八月二十九日，清政府与英国签订《南京条约》，第一次鸦片战争结束。这个丧权辱国的不平等条约，不仅令士人愤怒不已，而且加重了百姓负担。因为清朝要向英国实际"赔偿"两千一百万银元。这些赔款，最终化为税赋，使得贩夫皂隶勤不抵债，村哥里妇入不敷出。

往事不堪回首，更显得眼前的胜利来之不易。面对情状不妙的国势，梁维清早就暗下决心，终生报国，并把这份志向传给了自己的后代子孙。故此，三十多年后，他在教养幼年梁启超时，常常讲的是宋朝、明朝亡国的旧事，用自己的言传身教，培养了梁氏一门的家国心、赤子心、中华心。

这是后事。只说眼前的梁维清，除去平匪守村，便是教子读书。即使才六岁的儿子梁宝瑛，他对其也是严格要求。父子共学的场景，落在乡邻眼中，再次引来一番赞叹。

其实，早在战乱初起时，全村人的目光便都投向了梁维清。梁维清牵头保良会，实是人心所向。因为他不仅是茶坑村民信服的长者，更是当地梁氏族人的骄傲。这事，说来话长。

二、均分家产

茶坑村村民素来以姓梁而自豪。若从秦仲的小儿子康被封于梁山算起，到梁维清这一代，已是第九十世，传衍了两千五百多年。广东梁氏这一支，是宋代进士梁绍的后人。俗语说，龙生龙，凤生凤。但是，进士后人却未必个个学习好。

按《茶坑梁氏谱记》所说，梁绍曾孙梁南溪择居大石桥，这便是当地梁氏的先祖了。从梁南溪到梁维清，又传了二十五世。可是，茶坑梁氏却始终没有特别出色的读书人。

梁维清的祖父、梁启超的高祖梁上悦，字光恒，号毅轩，生于乾隆二十年（1755），是个普通的农民。

梁维清的父亲、梁启超的曾祖梁炳昆，字饶裕，号寅斋，生于乾隆四十七年（1782），是个普通的农民。

但是，从他们的字号可以看出，梁家人对读书、做学问是很重视的。所以，梁维清的书念得很好。他早年便立志于学，经过日夜苦读，考中了秀才。这意味着他摆脱了"白丁"的身份，有了"功名"在身，可免除徭役，可见知县不跪，还可因公事直接禀见县官。在乡邻眼中，梁维清能取得这样的成就，着实不易。

梁维清两岁时，生母就去世了。长大后，他一面自耕自食，一面尽心侍奉继母和庶母。孝顺之名在村里是妇孺皆知。而他的悌爱之名，在乡里更是家喻户晓。

梁维清与兄弟们感情很好。这种深情厚谊不是说出来的，而是体现在行动上，被村民看在眼里的。在梁炳昆去世后，梁家兄弟八人分家。有人便提议说："梁维清是嫡子，应该多得一些遗产。"旁观族老皆无异议，因为这个建议符合当时的情理。原来，古人看重名分，讲究"明嫡庶之端，异尊卑之礼"。在娶妻或纳妾时，正室为嫡，妾室为庶。正室的子女是嫡出，妾室的子女是庶出。嫡子女的地位为尊，庶子女的地位为卑。梁维清多分遗产，四里八乡谁也不会认为不公。

但是，梁维清没有同意这样的方案。他避开争端，与继母的孩子和庶母的孩子均分了家产。最后，他仅得几分薄田和砖房一间。没人能想到，三十多年后，这间不大的砖屋，会成为一代奇人梁启超的诞生之处。

福缘善庆，梁维清后裔人才辈出，福德或许就是从此时开始积累的。总之，梁维清均分家产的做法，赢得兄弟们的"友爱甚笃"，获得乡里的"人多颂之"，留给自己的是勤俭朴实的生活方式。

夫唱妇随，梁维清的举动得到夫人黎氏的支持。黎夫人比梁维清小两岁，生于嘉庆二十二年（1817）。其父黎第光是乾隆四十六年（1781）的探花，即当年全国科考的第三名。黎第光曾官至广西提督，武职从一品，是广西的最高军事长官。而从这样的家庭嫁过来的黎夫人，却没有丝毫骄矜之气。她识大体，懂大理，明大义，愿意陪着夫君同甘共苦，直面清贫。

面对这样的家境，梁维清坦然以对，令人佩服。而更令人佩服的是，他在耕作之余手不释卷，虽非悬梁刺股，却是笃学不倦。好学和孝悌的美名，令他得到了一次被官员接见的机会。

三、任职教谕

道光二十四年（1844），河内官员李棠阶来到广东，引起士林重视。此中缘由，读书人个个清楚。

一来，李棠阶此行的目的是督学，为的是主持考试和视察教育行政工作，有选拔人才的大权。二来，李棠阶本人非常出色，堪称精英官员。他二十二岁中举人，二十五岁中进士，次年便任翰林院编修，后历任大理寺卿、礼部侍郎、左都御史、户部尚书、工部尚书、礼部尚书等职，成为全国只有几个编制的军机大臣之一。才学自是难得，更难得的是，他终生俭朴，恪守清正，严于律己，时时以日记自省。应考士子若能得他指点，定会受益匪浅。

李棠阶来广东之时，是四十七岁，将及"知天命"之年，正是经验老到、眼光敏锐的时候。他看中的人才，自是不一般。因此，走入他视线的梁维清得到了众人的艳羡。而且，梁维清时年三十岁，恰是作文有成、年富力强之时，人人都觉得他定能大展其才、一鸣惊人。

谁知，在当年的甲辰科举考试中，梁维清落第了。但是，不论结果如何，梁家始终感念李棠阶的知遇之恩。梁氏后人在提到李棠阶时，始终恭恭敬敬地尊一声"李文清公"[①]。这是后话。

眼下的梁维清，虽然才丰遇啬，但是并未灰心。他依然勤学苦读，孜孜不倦。无奈，他的数次科考，皆不得志。于是，按照朝廷先例，他通过纳捐的方式，做了"附贡生"。

贡生，即地方儒学生员经考选，升入国子监读书的学生。贡生，就是向皇帝贡献人才的意思。附贡生，说白了就是花钱买学位。但是，这在清朝并不违法。因为纳捐是补充科举的一个重要制度，许多有才之士，比如清代名臣李卫，就是通过纳捐走入仕途的。而且，朝廷对纳捐明码标价，

[①] 叶大焯《镜泉梁老先生寿庆序》中误写作"李文恭公"，实为"李文清公"。详见《续碑传集》第十二卷本传。

统一管理。梁维清纳捐一事,并不出格。

最终,也算得"学而优则仕",梁维清做了教谕,管理一县文教事业。在清朝九品之制的官阶中,梁维清不过是一个从八品小吏。但是,他却觉得差可告慰。

首先,梁家虽然相对殷实,原先却是农民,富而不贵,梁维清的教谕身份,使得梁家可以结交权贵,为子孙打开通向官僚阶层的道路;其次,教谕虽官职不高,却是小小的茶坑村难得的大官,能得到村民的敬仰,人人皆要尊他一声"镜泉先生";最后,这样的身份使得梁家美名远播,能够保持对都团的控制。

四、主持都团

都团是旧时的区、乡政权机关。它对地方的影响,可比今天的村委会要大多了。一方面,都团是王朝的基层政权,承接县政府交办的各种事务;另一方面,都团是乡民的自治机构,承办村民的税收、抗敌等各种事宜,还拥有独立的武装、单独的法庭,在乡里可谓声威赫赫。

对乡民而言,进入都团是不容易的,成为都团头目就更不容易了。但是,入主都团,对梁维清而言,可谓轻而易举,并受到村民大力支持。

首先,梁维清有才。他能考中秀才,并最终做了一县教谕,对"四书""五经"的熟悉程度,自不待言。而他于书法一道,也颇有修为。他学唐代大书法家柳公权的书体时,被众人赞曰:"刚健婀娜似有过之。"

其次,梁维清有德。他孝顺父母,友爱兄弟,不贪不奢,早就名闻乡里。他还懂得医理,平日里替人看病,从不计较诊金,甚至还赠医施药,可谓仁心仁术。

最重要的是，梁维清有心。他有善心，有好心，有为乡民考虑的贴心与热心。倡导捐修孔道就是一例。

在茶坑村前，有一条供人来往的孔道。孔道，即时人所说的必经之路。它年久失修，险仄不平，一遇雨天，就泥泞难行，令村人和过路人苦不堪言。梁维清便选了一个恰当的机会，倡导捐修孔道，得到乡民的积极响应。最终，土路被石头路取代。乡民称赞道："这路修得真好，平坦得好似磨刀石呀。"

作为筑路的大功臣，梁维清自是得到村民的拥护。在旁人眼中，他成为都团头目，是顺理成章的事情。之后，他的儿子、梁启超的父亲梁宝瑛也成了都团头目。更令后人瞩目的是，梁家把控的都团，是与众不同的。

毛泽东曾在《湖南农民运动考察报告》中指出："推翻土豪劣绅的封建统治——打倒都团。旧式的都团（区乡）政权机关，尤其是都之一级，即接近县之一级，几乎完全被土豪劣绅占领。"而梁家父子，则与报告中的土豪劣绅不同。相反，他们是敦厚谦和的本乡士绅。

据后人回忆，在梁氏父子主持都团期间，茶坑村所在的熊子乡是官不忧，盗不扰，邻里和睦，境内平安，几欲可比"世外桃源"。而梁维清、梁宝瑛处理都团事务的威望，对国计民生的重视，给幼年梁启超留下了深刻的印象。他在晚年讲述中国文化史时，还对这种"乡政"念念不忘。1924年，国共合作的广州国民政府接管了境内都团，令梁启超十分惋惜。他特意作文，对这种乡村自治机构的消失表示纪念。

后事不提，只说父子两代皆入都团，也可算梁家家教良好的一个旁证。梁家家风之优良,离不开梁维清的精心培养。而他教子课孙时,也和他成立保良会、主持都团的做法一样,走的是"其身正,不令而行"的路子。

五、教养子孙

梁维清讲究慎终追远,便以身作则,每遇到需要避讳父祖的事情,就身着素服,不饮酒,不吃肉,终年如常。

梁维清注重治家严谨,便自为表率,每遇到瞻仰祠庙、拜谒祖先的事情,就严守时间,亲自率领子孙前往。

梁维清主张赤心报国,不仅在工作上做好教谕、严于职守,而且在家庭生活中,也把爱国教育落实在了自身言行上。

梁维清的祖父、梁启超的高祖毅轩先生葬于崖门。崖门位于新会之南,处于南海与银洲湖的相接处。因其东有崖山,西有汤瓶山,两山对峙之地延伸入海,就像半掩的大门,故名崖门。梁家每次祭扫祖墓,都需乘舟前往。舟行水中,众人的心境也如波浪般起伏不定,而梁维清更是面容沉痛。这不仅因为祭祖之故,更因为旁边是南宋失国的古战场。

六百年前,元兵进迫,南宋舟师,覆灭于此。其时,元军飞箭如雨,宋帝赵昺所乘之船无法突围。四十三岁的宋臣陆秀夫便背起八岁的小皇帝,跳海殉国。随行军民亦相继入水。十万余人,投海殉难,宁死不降,何其壮哉!

这些故事,梁维清早已烂若披掌,可每次经过古战场,他依然忍不住心情激荡。眼见着前方浪花中突出一岩石,他不等舟船停住,便又对着子孙开讲。

此石高出海浪数丈,当地百姓呼之曰"奇石"。相传,此石之所以扬名,与一个贰臣有关。这个人叫张弘范。他们家投降元朝在先,请兵攻宋在后,活脱脱一个卖国贼。谁知,崖山海战后,宋室覆亡,他居然在石上刻下"镇国大将军张弘范灭宋于此"十二个大字。但是,天网难逃,报应不爽,张弘范在刻字后不到一年,就去世了。

虽然,民间传说与史实有一定的出入,但经人口口相传后,依然能够震撼人心,至少梁家子孙就听得心潮澎湃。而梁维清更是百感交集,他情不自禁地朗诵起陈恭尹的绝句《崖门谒三忠祠》。待吟至"海水有门分上下,江山无地限华夷"两句时,他更是提高音量,声调悲壮。这般庭训,怎能不令子孙入脑入心?

四十年后,梁启超在清华园讲亡国之剧《桃花扇》,说到"高皇帝,在九京,不管亡家破鼎"时,不禁悲从中来,痛哭流涕不能自已。而讲到杜甫的"剑外忽传收蓟北,初闻涕泪满衣裳"时,他又于涕泪交加中破涕为笑。倘有梁家先人在场,便会发现,梁启超手之舞之足之蹈之的样子,与梁维清几乎一模一样。这祖孙二人讲演时的情状,跨越时空,在冥冥中的某一点上重合,在无人得见的维度上相交。套句老话,便是"历史总是惊人的相似"。

时光还是回溯到同治、光绪年间。出门在外,梁维清尚且如此重视教导后人;燕居在家,他对子孙的教育就更精心了。遗憾的是,他家的室内教育好像没有户外教育那么成功。

第二节　孝事其亲行有恒

梁维清为齐家教子，当真是用心良苦。

梁家屋后有一空地，换作他人，要么种高树，取"荫封后代"之意，要么种菜蔬，作家计省俭之用。但梁维清偏偏与众不同，他自筑了一个小书斋，供家人读书学习，还命名为"留余斋"。这个名字看起来普通，细品却颇有几分妙处。

关于取名，《红楼梦》中有这样的论述："俗了又不好，特新了，刁钻古怪也不好……虽然俗些，因真有此事，也就不碍了。"留余斋本就建于空隙留白之地上，借景生情，因景得名，这个名字取得是很恰切的。更妙的是，这个名字极易让人想到南宋王幼学的《四留铭》："留有余，不尽之巧以还造化；留有余，不尽之禄以还朝廷；留有余，不尽之财以还百姓；留有余，不尽之福以还子孙。"

英雄所见略同，有"中原活财神"之称的河洛康家，于同治十年

(1871)也挂了块《留余匾》，用以训示家中子弟。康家和梁家一样，都重视"耕读传家"。而康家和梁家不一样的地方在于，当康家在庆贺"一门两进士"的时候，五十多岁的梁维清却在为子孙的科考发愁。这样的烦恼，可追溯至道光年间。

一、子承父志

道光二十九年（1849），国际形势风云变幻，国内形势却相对安稳。就在这安稳的一年，儿子梁宝瑛的出世，让梁维清隐隐焦虑的心，也稍微平静了一些，并再次充满希望。

原来，在梁宝瑛之前，梁维清还有两个儿子，分别叫梁乾徽和梁永徽。但是，这两个孩子在读书作文方面成绩平平，这让梁维清倍感焦心。

梁维清家境清寒，直至他中了秀才，才有所改善。自身的经历和当时的世态，都让他坚信：进身之道，唯有科举。故此，长子和次子读书不成，令梁维清忧心如焚。

好在梁宝瑛自幼聪慧，让梁维清能够稍稍放心。也许，因为梁宝瑛是最有希望取得功名的一子，梁维清对他期望极高、要求极严。同时，因为科场受阻，止步于秀才，梁维清深知科举之难，对梁宝瑛的要求更为严格了。

梁宝瑛，字祥徽，号莲涧先生。在父亲的严厉监督下，他以科举功名为目标，刻苦攻读、孜孜不倦，结果，却未能得中秀才。看起来好似他辜负了父亲的希望，但若换个角度，梁宝瑛可真是梁家的好儿子。孔子曾说："父在，观其志；父没，观其行；三年无改于父之道，可谓孝矣。"梁宝瑛听从父亲的教诲，做了不少子承父志的事情，实实在在是个孝子。

第一，梁维清做人是"行己也密"，梁宝瑛便严格自律。

梁维清终生"肆志于学"，梁宝瑛便"以学为贵"。梁宝瑛虽未能取得秀才的功名，却能做得个饱学的私塾先生，像父亲那样对学问之事持之以恒，春诵夏弦，受到四方乡邻的尊敬。

第二，梁维清"待人也周""治家也严"，梁宝瑛在家中更是"孝友睦慈"，被赞为颇有盛德。

梁维清治家勤俭朴实，梁宝瑛理家便朴素简约，甚至终生都没有更改这个限度。后来，梁启超等人每每劝他"不要太过自苦"，结果反被梁宝瑛教训。他说："家风不可坏！我最痛苦忧虑的事情，就是子孙后代成为过度放纵的人啊！"

第三，梁维清修筑道路，喜助他人；梁宝瑛同样热心公益，乐助村民。

梁宝瑛在取予之间，即便是面对很小的事情，也非常地谨慎。君子风度使他在茶坑村拥有很高的威信。不论碰到什么疑难纷争、大事小情，村民都会说："要请莲涧先生来决断呀。"而他也以治理乡政为荣，尽心竭力地维护着茶坑村的喜乐、熊子乡的安宁。所以，梁宝瑛在父亲之后成为都团的头目，是一桩人人乐见的好事。他还在梁氏宗祠的"叠绳堂"担任值理，一做就是三十多年，以正直热心被人称道。乡民们在赞扬梁维清"忠厚仁慈"的同时，少不得要赞梁宝瑛一声"仁慈方正"。

第四，梁维清为人低调沉静，梁宝瑛同样内敛自持。

明末清初的理学家、教育家朱柏庐在《治家格言》中言道："善欲人见,不是真善;恶恐人知,便是大恶。"梁维清正是如此。他为乡里做事颇多,自身更是勤慎恭谨,但是他始终"善恐人知",以至于梁启超在回忆他的故事时,觉得非常遗憾:祖父的嘉言懿行,他所见的太少,远远难以"罄其底蕴"。与梁维清一样,梁宝瑛同样深藏若谷。他立身行道,不苟言笑,即便跬步之间,也要谨守礼节。

第五,梁宝瑛最像梁维清的地方,就是教子了。

梁维清对梁宝瑛严格要求,教导出了他这样一位贤良端方的谦谦君子。而他又严格要求儿子,教导出了梁启超那样一位百科全书式的国学大家,这是后事了。同治十一年(1872)的梁宝瑛,内心却颇有些忐忑。人们常说"不孝有三,无后为大",同龄人的孩子能出就外傅了,他却还没有儿子。幸好,妻子已经怀孕,只不知是男是女而已。他一面耕田读书,一面照顾妻子,期待着新生儿的到来。

二、喜获麟儿

同治十二年(1873),是农历癸酉鸡年。

在老人们看来,这将会是一个吉祥年。因为"癸"在十天干中排位第十,五行属水;"酉"在十二地支中同样排位第十,五行属金;而"鸡"的谐音是"吉"。金生丽水,财源滚滚,吉祥如意,自然会得一个好年景。果然,在晚清风雨飘摇的70年间,这一年平稳得出奇。就连怀有狼子野心、蠢蠢欲动的日本,也是次年二月才出兵台湾。

在老人们眼里,这一年将会涌现好多好人好事。因为按照传统的五行观点,水代表智,金代表义,而鸡年有"金鸡报春"的美好寓意。这一年出生的人，定是智慧、情谊并重；这一年要做的事，定是开春即能见喜。综合来看，这一年定会是一个人情和顺的如意年。果然，正月里，清朝的两宫皇太后慈禧与慈安还政给皇帝，为十七岁的同治皇帝举行了亲政大典。朝野议论纷纷，认为"牝鸡司晨"的不吉之事结束了，这是可喜可贺的大事件。

消息很快传到了远离京城四千多里的广东省。国事固然令梁氏父子关心，但是，眼前他们更关心的是家事。因为，梁宝瑛的第二个孩子即将出世。其实，梁宝瑛在两年前就已有一个孩子了，只不过是个女儿。在"生男弄璋，生女弄瓦"的传统思想影响下，梁家人觉得有些遗憾。所以，梁宝瑛的第二个孩子，承担了长辈更多的期望。梁家人欣喜而又焦急地盼着这个孩子的出生。

此时的茶坑村，水萍铺新绿，山花点碎红，草长柳青，莺飞雉舞，处处一片欣欣向荣的景象。春光灿烂的二月二十三日，梁启超出生了。他有着大而明亮的双眼，正是众人眼中的聪明相，令梁家上下欣喜不已。

梁家人知道的是：这一年，梁维清五十九岁，终于抱到了最喜欢的儿子的儿子；这一年，梁宝瑛二十五岁，在生子这件事上远远晚于同村人的他，终于得到了他的长子。

梁家人不知道的是：这一年，梁启超的老师兼妻兄李端棻四十一岁；这一年，梁启超的同乡兼师友黄遵宪大概三十四岁；这一年，对梁启超影响深远的先生康有为十七岁；这一年，与梁启超恩怨难清的袁世凯十五岁；这一年，和梁启超多有纠葛的孙中山只有八岁。

不知道的自然不会在意，梁家在意的是，如何教养幼小的梁启超。君不见，两宫皇太后还政小皇帝时，尚且颁懿旨劝勉："祗承家法，讲求用人行政，毋荒学业。"可见，读书课业，是少年人的第一等要事。梁家教导梁启超，自是不敢也不愿耽误。

而最先教导梁启超的，不是梁宝瑛。

三、协父教子

对教导梁启超最上心的，是梁维清。

梁维清一生，一共有八个孙子。他最喜欢的，就是聪明灵透的梁启超。他在梁启超四五岁时，就为他讲解经典，白天教授"四书"和《诗经》，晚上就带着他同榻而眠。此外，梁维清特别擅长讲典故，古圣先贤、英雄豪杰的故事他是信手拈来，令小孙子听得如醉如痴。他不但祭祖讲，入庙也讲。

茶坑村有一北帝庙。庙中藏有四十八幅水粉工笔古画，其中包含二十四忠臣与二十四孝子的故事。据传，明末清初时，有一逸士在此寄居一年，为表酬谢之意，赠了这些画给北帝庙。之后，此人便一去不返，杳无踪迹了。

梁维清对北帝庙藏画的情况很熟悉，他特意写了一副对联记述其事。上联是："周岁三百六旬，屈指计期，试问烟景阳春，一年有几？"下联是："屏开四十八幅，举头有望，也知忠臣孝子，自古无多。"梁维清猜测，赠画人大概是亡明遗老。而他恰巧常讲宋朝、明朝亡国的故事，就经常带着孙子们到庙里来。

北帝庙于每岁新年，都会悬灯挂画，供人观赏。梁维清便在正月十五元宵佳节这一天，拉着小孙子的手，入庙观画。他一边指着画，一边说道："这是朱寿昌弃官寻母的故事，那是岳武穆出师北征的故事……"在他的娓娓叙述中，孙儿们渐渐明白了何为忠何为孝。这样的方式，可比单纯的说教受欢迎多了。更重要的是，对小小的孩童来说，看图学习，本就是重要的认知方式。再结合梁维清的循循善诱，画中字孙儿也全都能认了出来。当然，识字只算额外收获，明理才是梁维清的目标。故此，他还把宋儒、明儒关于义理名节的教导，一点一点讲给孙儿听。

眼见父亲对他的儿子的教导如此用心，"不改父之道"的梁宝瑛自是更为尽心。光绪四年（1878），三十岁的梁宝瑛协助六十四岁的梁维清，正式开始教导六岁的梁启超。既然父亲已经教了"四书"，他便开始教"五经"。他对孩子的教导是与时俱进的。除去科举考试的必读典籍，他还用《中国史略》（*A Sketch of Chinese History*）来教导儿子。

据查，《中国史略》即《中国简史》，并非一部传统意义上的中国史书。它的编写者是位德国传教士，中文名叫郭士立（Karl Friedlich Gützlaff，1803—1851）。郭士立在鸦片战争期间，担任过英军的翻译和向导，还参与起草了《南京条约》。但是，爱国的梁家人并不迂腐，不会摒弃外国人的书。

也许是因为受到了梁维清的影响，也许是因为对久盼才得的长子的宠爱，梁宝瑛对梁启超的教育有着宽和的一面。但是，他的教育比起梁维清来，要严格得多。因为他熟悉古人所说的"君子抱孙不抱子"。"不抱子"就是不宠爱孩子，与孩子保持一定距离，以便保有父亲的威严，能更好地进行教育。所以，他在幼年梁启超眼中，是既慈爱又严厉的。

梁宝瑛对梁启超寄予厚望，时时激励儿子奋发向上。但与旁人不同的是，他除督促儿子读书以外，还要求孩子劳动干活。梁启超的言行举止，稍有不严谨的地方，就会被他呵责。他常常训诫梁启超道："你把自己看作是个平常的孩子吗？"言外之意，即要梁启超出类拔萃，不做寻常人。在他教导下的梁启超，成年后果然未走寻常路。

更为难得的是，梁宝瑛教育侄子，也像教导梁启超那样严格。在长兄早逝后，他侍奉长嫂如同亲母，教养侄子如同亲子，几乎一肩担负起了整个家族的重担。

也许因为"君子讷于言"的缘故，内敛自持的梁宝瑛留下的记录非常少。后人只能从梁启超的《哀启》和《三十自述》两文中，略略窥得莲涧先生的风采。因其话少，于听者而言，就显得印象尤为深刻。他教导梁启超的话，让梁启超记了一辈子。

当然，影响梁启超一辈子的，除去父训，还有母教。

第三节　相夫教子贤内助

"父母之爱子,则为之计深远。"在时人眼中,读书中举无疑是人生大计。也许,正是因为这个缘由,梁家人表达对孩子的喜爱时,用的方式就是督促学习。对于越喜欢的孩子,在学业方面抓得越紧。梁维清如此,梁宝瑛如此,梁家的媳妇赵氏也是如此。正如梁维清声名远播、梁宝瑛方正有名,赵夫人的德才兼备也是全乡皆知。

一、睦邻持家

从同治年间开始,熊子乡又出一新现象:若要思量婚嫁事,不问媒人问赵氏。

这在外乡人眼中,是不可理解的。当时的婚姻,不由儿女自己做主,注重的是"父母之命,媒妁之言",正如《诗经》里讲的那样,"娶妻如之何,必告父母……娶妻如之何,非媒不得"。怎么样想,乡人嫁娶之事都和赵夫人这样一个外人不相干。

但在本乡人看来,这是再正常不过的事情了。因为赵夫人知书达理之名,早已是有口皆碑。

赵夫人的祖父赵雨亦是位举人。时人皆知"穷秀才,富举人"。朝廷政策对举人多有优待,一旦中举,不仅是地位上的提高,更是财富上的增多。所以,《儒林外史》中的范进在中举后,才会欢喜得发疯。梁家在梁启超中举后,能够由自耕自种变为雇人代耕。这是后话。只是由此可知,赵氏一家自是家境良好。

赵夫人的父亲赵炳桃是庠生。庠指古代学校。庠生是府、州、县学中生员的别称,是"秀才"之意。所以,赵夫人出自书香之家,自是读书明理之人。另外,也许是家教之故,赵夫人善于吟诗,尤其喜欢唐诗,直叫人想起《浮生六记》里的沈夫人陈芸,可谓小有才名。

赵夫人当年嫁到梁家时,可是备受瞩目的。不单是因为梁氏父子在乡里的声名,梁家本就受到众人关注,更因为在"女子无才便是德"的时代,在小小的茶坑村,一个能读书识字、吟诗诵词的女子,是多么难得。

更难得的是,赵夫人不以才学自矜,反而因温柔贤良扬名。此外,她的女红也做得极好。乡中同辈的女子及晚一辈的女孩子,都爱求教于她,或学习认字,或练习女红,都对赵夫人佩服得不得了。而赵夫人也悉心指导,从无愠色。渐渐地,她身边聚集了越来越多的女子。到后来,乡中的女子居然有一多半都曾受教于她。所以,乡人嫁娶,要打听女方的人品性情,便开始咨询赵夫人了。

时日既久,赵夫人的口碑越来越好,众人对她也越来越信服。乡人们为子择媳时,一听说某女曾跟随赵夫人学习,就不再查访了,相信这个女子一定品性上佳。

这样一位媳妇,梁家人自是满意的。所以,连梁启超这一辈的小孩子们,都知道赵夫人是梁维清最满意的一个儿媳妇。而更令梁维清满意的,则是赵夫人的"不堕家风"。

二、守护家风

赵夫人在出嫁前,大概早已听说过梁家人的"正"。那是五十年前的事了。当时,梁家当家的是梁炳昆,即梁维清的父亲,梁启超的曾祖父。他本来继承祖业,安分老实地耕作养家。忽而一天,他被人欺负了,而那人之所以蛮横无理,不过是因为在广州府当差的缘故。受激于此,梁炳昆花了一笔钱,在县里买了个粮差的职位。众人本以为,他也要开始抖威风了。谁知,梁炳昆看不惯差役的贪污、官员的腐败,不久便愤然辞职。

这事,说不好听了,是"脾气倔强,木头脑袋";说好听了,则是"耿直方正,刚正难折"。而且,梁炳昆的言行,极易让人想到曾被严嵩诬陷的明代大臣杨守谦。《明史》中讲,杨守谦为人"坦易无城府,驭下多恩意"。不知道善讲典故的梁维清有没有说过杨守谦的故事,不知道梁维清有没有为梁炳昆的言行作出辩护,旁人和后人能知道的是:梁家后人或多或少,都有几分梁炳昆这样的脾气和性情,例如梁启超就被人赞为"款挚坦易,胸中豁然"。无论如何,经此一事,梁家人给乡民留下了坦易方正的印象。

此后,梁维清任职教谕,梁宝瑛进入都团,若无一身正气,处事不够公正，肯定难得乡民们的支持。而赵夫人教导那么多的女子，若行事偏颇，不能不偏不倚，恐怕也传不出这样的好名声了。

此外，前文已述，梁家是耕读传家，家境普通。梁炳昆生前只有几亩地，其八个儿子均分后，梁维清只得了不到一亩地。于是，梁维清在中秀才以前，自耕自食，全靠这几分薄田养活。后来，他有了功名，才买了十几亩田，随即又均分给了三个儿子。因此，梁宝瑛也是半耕半读，依靠几亩田地过活，家境并不富裕。但是，梁家的夫人们都能与丈夫甘苦相随。梁维清的妻子黎夫人对丈夫全心支持。她的媳妇赵夫人自然也不会让婆婆看轻了自己。于是，在夫人们的辛勤持家、尽心扶助下，梁家"锄可耕矣诗可读，半为农者半为儒"的家风得以很好地维持。

据说，梁家这样的家风是受到了陈白沙的影响。这样的说法是有道理的。陈白沙即明代硕儒陈献章。他也是广东新会人，因曾在白沙村居住，就被称为白沙先生了。作为广东唯一一位从祀孔庙的贤者，陈献章在岭南影响很大。而梁维清刚好爱讲明儒的典故，陈献章的故事他自然也是知道的。上段所引诗句，就出自陈氏的《咏江门墟》。之前还有两句，是"二五八日江门墟，既买锄头又买书"。虽然相隔三百多年，但细细想来，这样的场景，梁维清、梁宝瑛应当是非常熟悉的。故此，梁氏治家有白沙先生的影子，也就不足为奇了。

陈献章非常重视勤学，曾编写了《戒戏歌》《戒懒文》等著作。梁家诸人不只自身重视勤学，同时也督促子孙勤学。赵夫人自然也不例外。当梁维清处理都团事务时，当梁宝瑛耕田读书时，赵夫人自然承担起了教子之责。

这于她，其实颇为不易。因为在梁启超三岁时，她又怀孕了。在梁启超四岁时，她便生下了二子梁启勋。而在怀孕的辛苦、家务的劳苦和过日子的勤苦之余，赵夫人始终不忘守护家风、教养长子。

三、赵夫人鞭子

梁启超的第一位老师，不是祖父梁维清，不是父亲梁宝瑛，而是母亲赵夫人。他不满五岁时，就在母亲的手引口传下，学了好些字。之后，祖父教他读"四书"时，赵夫人也是"助教"。

梁启超生得聪明，又得祖父宠爱，且赵夫人性子温良，故而挨骂都是少有的事，更别说挨打了。但是，光绪四年（1878）的一天晚上，六岁的梁启超被鞭打了。鞭笞他的，正是赵夫人。

俗语说："当面教子，背后教妻。"这句话化自朱柏庐《治家格言》中的一句："堂前教子，枕边训妻。"意思是，教育孩子可在大庭广众之下，以使他有羞耻心，下次不再犯。但是，赵夫人没有这么做。也许是为了不让梁家长辈操心，也许是为了照顾孩子的自尊心，也许是为了不影响孩子吃饭，她选在了晚饭后，待孩子将饭粒咽尽，把梁启超叫进了卧房。

一进房间，梁启超就又惊又骇。只见赵夫人严厉地问他："你可知犯了什么错？"梁启超自记事起，只见母亲终日含笑，忽然见得母亲盛怒，顿觉得母亲陌生起来。张皇失措的孩子，下意识地只想逃避。于是，赵夫人便喝道："跪下！"接着，她便开始责问幼子："你那天，说了什么话？"

其实，小小的梁启超虽然惊慌，却还知道是撒谎之故。但是，他真的被母亲吓到了，只想着修饰言辞，来消解母亲的愤怒。这大概是一个孩子能想到的最好的方法了。多年后，梁启超回忆道，若当时能自承其罪，则或许能逃过母亲的责罚。但是，世事无如果。知错不改，在成人看来，这是错上加错，更加不可饶恕。

于是，赵夫人更加愤怒，她将儿子翻伏膝前，开始鞭打，一面打一面教训道："你再说谎，将来便成窃盗，便成乞丐！"打在儿身，痛在娘心，赵夫人已然心如刀绞，但是，她太怕梁启超走上歪路了，便又接着教训："一个人说谎，定是他做了不该做的事，或者是该做的事没有做好。这本来已是错了，如果自己不知道错，还情有可原，改正起来也不难。但说谎，就不可饶恕了！"

在鞭笞了十多下后，眼见着儿子泪眼汪汪，应该是知错了，赵夫人又接着教导："撒谎是明知故犯，自欺欺人。这样的行径，犹如盗贼，天下万恶，都由此而产生。说谎的人总会被发觉，最终就难以取信于人。而人无信不立，无信就会一事无成，落得个当乞丐的下场！"

母亲的惩罚，令髫龄的梁启超把梁家的家教铭记在心：凡百罪过，皆可饶恕，唯说谎话，断不饶恕！二十多年后，他已然不记得是为什么事撒谎了，也不记得说了什么谎言。但是，母亲的教训，他却始终记在心间，并认为是千古名言。他还说："天下爱我者，无过于母。"同时，他用深切的哀思，把这事写成文章，以志纪念。这是后话。

此次事件，还牵扯了一个人，便是梁启超的长姐。时年八岁的梁宝瑛长女，看着六岁的弟弟挨打，实在不忍，就陪着挨罚的弟弟跪了半夜。过后，小女孩又独自哭了一夜。缘由是：她太担心了，害怕此事被父亲知晓。她的担心是有道理的。因为梁家教子,素来也是"母慈父严"。一向宽柔的母亲尚且下此狠手,换了端肃的父亲,不知将要怎样责打呢?深恐"娇子如杀子"的梁宝瑛,一旦出手,怕不比《红楼梦》中贾政杖子来得轻。好在,赵夫人疼爱梁启超,堪可比王夫人疼爱贾宝玉,她见儿子知道错了,就没跟丈夫诉说此事。

令梁家人欣慰的是,梁启超不似贾宝玉,没有不喜正经书,反而比同辈念得都好。生怕耽误了早慧的梁启超,梁家人为他找了个启蒙老师。这位老师虽然声名不显,但却是梁家比较放心的一个人。

第二章
雏凤清于老凤声

梁家向来兄友弟恭、姐妹情深。梁启超这一辈，有长姐陪着罚跪。由梁家家风可知，上一辈、上上一辈的情谊，也是极好的。因此，当梁启超六岁出就外傅[①]时，梁家为他请的蒙师，是张乙星。

张乙星不是旁人，是梁维清二姐的儿子，梁宝瑛的表兄弟，梁启超的表叔。既然是"易子而教"，在梁家人看来，有一层亲戚关系，自是会比旁人用心。而且，梁家自身也未放弃对梁启超的教导。

---

① 梁启超《哀启》中讲："不孝启超、启勋及群从昆弟自幼皆未尝出就外傅。"但是，梁启勋《曼殊室戊辰笔记》中记载梁启超"六岁就外傅，启蒙师乃张乙星先生"。此处从梁启勋先生记载。

第一节　十岁的神童

梁启超的识字由母亲教导,"四书"和历史典故由祖父教授,"五经"和史书则多由父亲传授。在他十岁以前,"学业根底,立身藩篱,一铢一黍咸禀先君子之训也"。就这样,内有家人督促,外有亲戚教导,年幼的梁启超崭露头角。

一、骥子龙文

梁启超的早慧,是公认的。新会县一带,一直流传着他六岁能作对的故事。

一天,梁启超在玩耍时,忽然爬上了梯子。看护孙子的梁维清怕他失足,便守在梯旁。谁知,髫龄的梁启超并不胆怯,反而得意地说:"有人在平地,看我上云梯。"借景成文,平仄工整,游戏之中,就见不凡。这样的孙子,怎能不让梁维清爱若珍宝!于是,家里一旦来客,也是让小梁启超出面的。

某天,有人来拜访梁家长辈,梁宝瑛便让儿子奉茶。这位客人早就听说梁启超聪慧过人,有心试他一试,便一面接杯一面开口说:"饮茶龙上水。"谁知,客人刚执杯,梁启超就应声答道:"写字狗扒田。""龙上水"是广东俗话,又说"水龙卷",通常指水面上发生的龙卷风。"狗扒田"也是当地方言,指写字歪斜不正。俗语对俗语,于幼童而言,对得极为工整。客人听了,大为感叹,少不得要赞一声"骥子龙文"。"骥子""龙文"皆是骏马名,旧时用此语来喻指神童。当时用在梁启超身上,真是极为恰切。

这样一位梁氏佳子弟,不但家人满意,客人合意,师长也很中意。也是在梁启超六七岁时,塾师[1]出了一个对子:"东篱客赏陶潜菊。"这句话用的典故很明白,讲的是东晋陶渊明爱菊赏菊和"采菊东篱下"的故事,但是,偏偏引入了第三方视角,是"客赏"。于是,一种"发古之幽情"便油然而生。这对子,常人估计得琢磨半天。

谁知,私塾先生话音刚落,梁启超便立即回道:"南国人怀召伯棠。""召伯"就是周代的召公。他南巡时,曾在甘棠树下休息。人们怀念召公,感念他的勤政爱民,便把甘棠树称为"召棠",并爱护有加。这就是《千字文》里"存以甘棠,去而益咏"的来历了。而梁启超用"人怀召伯棠"来对"客赏陶潜菊",用一个勤于政事的红尘中人,对一个超然

---

[1] 《梁任公先生大事记》记载此对是塾师所出。而《梁启超故乡述闻》记载此对是梁家客人所出。此处从《梁任公先生大事记》记载。

物外的洒脱先生，真是对得妙极了！

塾师熟知各种典故，知晓汉代蔡文姬六岁能辨音，南朝刘孝绰六岁能作文，唐代骆宾王六岁能作诗（即《咏鹅》），如今，梁启超六岁能巧对，令他在授课时更为尽心。但是，不久以后，梁启超就不由他管教了。

二、登凌云塔

光绪六年（1880），梁启超八岁，梁宝瑛设教于乡。

梁宝瑛意绝科举，专心做个私塾先生，除去屡试不第的原因外，还有个时人皆能理解的缘故。梁宝瑛出生不到三年，他的大哥、梁启超的大伯父就身归九泉。之后，在他刻苦攻读的时候，他的二哥、梁启超的二伯父也命丧黄泉。而此时，梁维清早已过了耳顺之年。白发人送黑发人的哀伤，让年老的父亲几乎承受不住，其苦痛是可想而知的。作为家中当时唯一的儿子，在孝养老父这件事上，梁宝瑛自是责无旁贷。

此时的梁维清，已是风烛残年。早岁的操劳，让他的身体衰落了下来。幸而，梁宝瑛是个至孝的儿子，侍奉父亲十分尽心，让梁维清在生命的最后十年里，虽然多病，但不多愁。尤其是梁宝瑛给他生的好孙子，更让他喜悦多多。

梁启超八岁[①]时，梁维清六十六岁。此时的他，还算硬朗，还能看着梁启超登凌云塔。

凌云塔是新会的一处吉祥之地。它位于茶坑村后熊子山上，孤高耸

[①] 一说为十一岁。此处从《民国梁任公先生启超年谱》记载。

立,远接海潮。此塔建于万历三十七年(1609)。当时,知县为了昌兴"文运",就召集士绅修建了这座宝塔。故此,塔高七层,呈文笔状。此塔曾经兴盛一时,之后,屡经兴废,声名就慢慢衰落了下来。由于凌云塔离茶坑村很近,来玩儿的村民很多,可几乎没人为此塔扬名。但恰恰是到了梁启超这里,偏偏是这么一位没成年的孩子,写了首《登塔诗》,百年后被人们刻在塔脚东南面的亭子里,让此塔重新扬名。

梁启超的诗是这样写的:

朝登凌云塔,引领望四极;

暮登凌云塔,天地渐昏黑。

日月有晦明,四时寒暑易;

为何多变化,此理无人识。

我欲问苍天,苍天长默默;

我欲问孔子,孔子难解释。

搔首独徘徊,此理终难得。

除此诗外,梁启超还作了一副对联:

凌云塔下凌云想,海阔天空,迢迢路长;

天竺国里天竺望,云蒸霞蔚,须臾妙相。

梁启超的"凌云想",想的是什么?是科举登第,还是著书立说?旁人和后人自然难以推断。但是,大伙儿能推测的是,梁宝瑛私塾里的其他孩子和孩子家长会怎样想。

因为梁启超七窍玲珑,远超同侪,故而每逢私塾课考,其他学生就常常落个"陪太子考试"的结果。因此,有人说梁宝瑛在乡里开设私塾,不过是找人陪儿子读书罢了。这一方面固然表明了梁启超的聪慧,另一方面也表示了梁家长辈对梁启超的重视。

前文讲过,梁家人表达对孩子喜爱的方式之一,就是督促学业。现下梁宝瑛做了专职的先生,把梁启超的"四书""五经"、举业文章,抓得更紧了。于是,梁启超八岁才学作文,九岁就能写千言了。众所周知,古文写作往往要讲韵,要用典,有时候还得兼顾对仗和义理,不经过长期训练,真是写不出来的。就连清代科举考试的八股文,最多也不过七百字,可见,幼童能写千字古文,是多么不易了。不过,这事搁在梁启超身上,是一点儿也不奇怪。因为,他除了文思敏捷,记性也是一等一的好。

三、当街背书

梁启超博闻强识的功夫,在总角之年时,就已显露出来。这一点,他的祖父梁维清了解,他的父亲梁宝瑛清楚,他的母亲赵夫人也知道。但是,外人是不晓得的。所以,梁启超在三江镇又留下了一个传说。

三江镇距离茶坑村十多里地,步行不超过一个时辰。一天,梁启超到这里的东胜街书铺买书。他一目十行,很快就选好了自己想要的书。随后,他便和店主议价。大概因他是个孩子,店主分文不减。

这个年龄的梁启超,在成人眼里,本就是一团孩子气。他直接说:"买不买书,与我没什么大干系。反正,我已经看完了。"

店主一听,看书不买,顿时就想生气。谁知,梁启超还没说完,又紧接了一句:"我还能从头到尾背下来呢。"这下子,店主来了兴致,随手翻书,任意选了一页,对梁启超说:"孩子,你若能背出这页,此书就白送给你了。"

结果，梁启超一字不差，尽数背完。店主亦信守承诺，把书送给了他。

这一过目成诵的能耐，让梁启超的学问日渐精进。于是，他踏出了科举的第一步。光绪八年（1882），虚岁十岁、周岁九岁的梁启超，在父亲的陪同下，准备去参加童试。

童试是明清两朝的地方入学考试，包括县试、府试、院试三个阶段。考试合格者便可进入县学、府学、州学等学校学习。它不仅是士子获得官学入学资格的考试，而且是学子踏上科举之路的重要考试。参加童试的考生，需要向官学提供身份证明，还需要找有担保资格的秀才进行保结，确保考生没有犯错败德的行为。考生通常没有年龄限制。但是，像梁启超这样的考生，绝对属于低龄中的低龄。

当时，新会至广州还没有内河轮船运营，梁宝瑛便带着梁启超，与前去应试的考生共同包了一条船。在船上发生的事情，让梁启超的"神童"之名，彻底传扬开来。

第二节 十二岁的秀才

话说,光绪八年的广州府试,新会参加的人不少,但是,谁都没有同船的一个孩童显眼。这个孩童自然是梁启超。

一、舟中巧对

梁启超之所以引人注目,不仅因为他的年纪小,而且因为他参加的是府试。府试一直被认为是童试中最难考的一关,故此有"府关"之称。因此,同行之人,都是成人,有些甚至有多次参加考试的经历。故此,大家讨论的,多是学问和文章,时间久了,未免有些枯燥。于是,众人便开始戏乐。但是,读书人的"游戏"也与常人不同。

一日,船行水中,眼见着"千尺丝纶直下垂,一波才动万波随",舟上众人颇有几分"江流大自在,坐稳兴悠哉"的感觉。恰巧,船上开饭,刚好是白米饭和蒸咸鱼。一位考生就提议,以咸鱼为题,来吟诗或作对。

这让众人觉得有趣的同时,又觉得不大容易。因为咸鱼虽然是常见菜,但是难登大雅之堂。要点出"咸""鱼"的主题,还要作得文雅,确实有一定的难度。

就在船上的考生或抬须,或沉吟,或深思的时候,梁启超当众吟道:"太公垂钓后,胶鬲举盐初。"这两句一出,众人皆愣了一下,随后便拍手称妙。"姜太公钓鱼——愿者上钩"的典故人人皆知,在这个故事中,姜太公被周文王请出了山。"胶鬲举于鱼盐之中"的故事,也是人人都晓,在这个故事中,胶鬲的才华同样被周文王发掘。总之,梁启超的对子,不仅诗意浓郁、风格雅致,而且用典得当、不落俗套。更重要的是,对应考的学子来说,对子的寓意非常吉祥:众人都希望自己这匹千里马,能早日遇到慧眼的伯乐。所以,九周岁的梁启超,得到大家的一致称颂。他的"神童"之名也流传得更加广泛。这是后话。

此时,梁宝瑛也在舟中。他对儿子的表现自是引以为豪。他知道,在旁人看来,梁启超的对子虽然作得好,但是这个年龄的孩子上考场,实在是小了点。可是,梁家对此事自有考量。不仅因为梁启超的知识储备已经足够应对,而且因为开年的一个吉兆。

二、初试落榜

在梁启超的学识越来越广后,梁家便又为他找了个老师。老师居住的地方并不远,在岭南琴派发祥地邑城。先生的学问也不浅,是当地小有名气的周惺吾先生。也许因着这一段学缘,梁宝瑛带着梁启超,邀约了周先生,一起去秀才李兆镜家。

那是春光灿烂的一天。一大早，梁启超就跟着父亲来到了李秀才家。刚进家门，他就被"浅红欺醉粉"的杏花吸引住了。也许是想起了北周庾信的《杏花》诗"好折待宾客，金盘衬红琼"，梁启超便折下一枝，执在手中赏玩。正在欣赏时，却见主人李兆镜和梁宝瑛一同而至。

梁启超一惊，唯恐被父亲责骂，慌忙之中，把花枝藏入袖里。李秀才是梁宝瑛好友，并不怪他，反而调侃道："袖里笼花，小子暗藏春色。"机灵的梁启超抬眼一看，一下子瞧见李家堂屋悬挂着的青铜镜，开口就答："堂前悬镜，大人明察秋毫。"应情即景，平仄工整。更妙的是，即便不懂对子的乡民听了，也觉得这事很吉利。因为民间认为"杏"谐音"幸"，表示"有幸、幸运"，所以百姓常用杏插花瓶来表示"幸得高中"的意思。更别说，梁启超的对子里还有"大人明察秋毫"的字样。

正在梁宝瑛和李兆镜又惊又喜的时候，周惺吾先生来了。他又带来一个对子。周先生碰巧看见门外有人用车干活，就随口说"推车过小陌"。谁知，梁启超应声而答"策马入长安"。长安可是历史上建都时间最早、历时最长、经历朝代最多的古都。梁启超这句，极易让人想起唐代孟郊的大作《登科后》："春风得意马蹄疾，一日看尽长安花。"

有这样的好口彩，以及先生和长辈的教导，再加上梁启超自身的天赋，梁家对此次童试还是抱有很大的期望。谁知，梁启超的考试结果是名落孙山。但是，"塞翁失马，焉知非福"，这次外出让梁启超受到了极大的触动。

三、走入新天地

光绪九年（1883），梁启超虚岁十一。十周岁的他，正处于对这个世界充满好奇的年龄段。他从封闭的茶坑村走出来，见到繁华的省城广州；他从简单的人际关系中走出来，见到更多博学的朋友；他从举业文章中走出来，见到了更多的文化著作。特别是张之洞的《輶轩语》及《书目答问》，让梁启超爱不释手。因为这两本书，让他对"学识"一词，有了更加理性和深刻的认识。

张之洞年长梁启超三十六岁。在梁启超两岁时，他写了《书目答问》；在梁启超三岁时，他写了《輶轩语》。这些且不论，只说张之洞在梁启超三十七岁时去世，得到的谥号是"文襄"。"文襄"表明了张之洞既有学士背景，同时又有军功。这样一位人物的心胸眼界，自是常人难及。故此，张之洞的著作，能够吸引志向远大的梁启超，是自然而然的事情。

张之洞所作《书目答问》一书，是因诸生不知"应读何书"及"书以何本为善"，而为学子开列的导读目录，以指示学习经史、辞章、考据诸学门径。全书共五卷，收书两千两百余种。所收图书都经过精心挑选，比较注重收录清后期的学术著作和科技图书。这本书让梁启超大开眼界。

《輶轩语》是张之洞将近不惑之年时为成都尊经书院所撰，正宜学子阅读。该书分上篇"语行"、中篇"语学"、下篇"语文"三部分。"语行"篇从德行、人品、立志及日常规范等方面，或正面倡言或严予告诫，对读书人提出要求。"语学"篇从通经、读史、读诸子、读古人文集及通论读书各方面论述为学之道，作初学有志者"阶梯之阶梯，门径之门径"。"语文"篇则分时文、诗赋、经义、策论等，"举其有关程式及时俗易犯者"予以指教，颇有几分科举参考书的样子。

此外，张之洞还在书中强调：读书宜求善本，不要畏难，要"期于明理，明理归于致用"。梁启超成年后开民智，兴民权，发起维新变法运动，梁氏后人出现了"火箭专家""建筑宗师"等杰出贡献者，不能说与"致用"的思想没有关系。这是后话。只说这本作于清光绪元年（1875）的小书，传到梁启超手里，已经是八年后了。但是，书中关于做人、为学、科举的见解，令梁启超获益匪浅。

故此，考不中秀才的结果，对梁启超并无太大的影响。相反，他对学问始终有一种昂扬之气。对于从广州买回的书，他读得如饥似渴。这些新书，比起"四书""五经"，实用且有创意，令他仿佛置身于新世界，晋级新境界，步入新天地。梁启超后来回忆道：这样的阅读体验，让他"始知天地间有所谓学问者"。

与此同时，另一件喜事降临梁家。梁启超的三弟出生了。梁家上下十分欢喜。因为实在是太巧了，梁维清在三十五岁时，得到了他的第三个儿子梁宝瑛。梁宝瑛也是在三十五岁时，得到了他的第三个儿子。在喜获三子的高兴之情还未散去时，另一个好消息便紧接着传来。

四、求取寿文

光绪十年（1884），梁启超考中了秀才。他在十二岁时，就考上了祖父梁维清努力半生才考中的功名，达成了父亲梁宝瑛读书终生都未达成的目标。与此同时，他还被补为博士弟子员，也就是县学生员，取得了和外公赵炳桃一样的身份。少年得志的梁启超，让梁家人感到无比欣慰！令梁维清等老一辈人更高兴的是，这意味着梁启超将真正开始扬名！

想当初，同样是十二岁，同样参加的是童试，明代大臣丁元复便由此一考而名声大噪。更何况梁启超在十二岁前，就已有"神童"之名广为传扬了。果然，梁启超刚考完，就受到了三品大员的接见。

接见梁启超的官员，是时任主考官的广东学政叶大焯。在时年四十五岁的叶考官眼中，梁启超这样的年龄，与他的孙儿也差不了几岁。故此，他在仔细看过梁启超的试卷后，对这个"神童"十分感兴趣。随后，他便专门召集梁启超和几个年龄较小的秀才，当面奖谕。

众人只见，被接见的新晋秀才们，一个个进去后，很快就往外走。唯独梁启超迟迟没有出来。原来，梁启超虽然年纪最小，却博学多闻，对答如流，深得叶大焯欢心。眼看着叶主考喜形于色，聪慧的梁启超立刻长跪于地。

在叶大焯跟前，这个机灵的孩子不慌不忙、恭恭敬敬地说道："我的祖父今年已是七十高龄。他的生辰为农历十一月二十一日。我私心请愿，希望能得到您的祝寿文章。如果您能赐文，那么托您的福，祖父一定会延年益寿，而且能够使叔父和父亲的孝心得到安慰，使我的族人在交游中得到荣光。"

梁启超的话语，不卑不亢而又言辞恳切，不仅显得才思敏捷，而且展现了自身的不凡胆识。于是，叶大焯在惊讶的同时，也被他的孝心所感，挥毫写下了《镜泉梁老先生庆寿序》，并在此文中详细讲述了梁启超请文的过程。同时,叶学政还在文中列举了史上有名的神童:"任延为太学圣童,祖莹为中书博士,刘敲能解《庄子》,柳偃能读《尚书》,陆从典之作《柳赋》,顾野王之记建安,皆以十二龄童子显著当时,名垂后世……"他以此来激励梁启超,期望梁启超能奉承庭训,光宗耀祖。

让人想不到的是,叶大焞还提到了熊子山的凌云塔,认为此塔极为吉利,能使当地"科名日起",而"梁氏所居茶坑,实在其下,应运而兴……"这样的吉祥话,怎能不让梁家人和茶坑村民欢欣鼓舞?

果然,当这篇祝寿文被带回梁家后,小小的茶坑村沸腾了。

第三节　十七岁的举人

在梁家人看来，梁启超中秀才，梁维清七十大寿，叶大焯赠祝寿文，是三喜临门的大好事。在茶坑村村民看来，本村出了秀才，本村有长寿老者，本村在三品大员跟前挂了号，是与有荣焉的大喜事。于是，梁维清的寿辰办得隆重而喜庆，十里八村的乡民们，都纷纷赶来庆贺。在庆贺声中，人们发现有一个人的祝贺方式与众不同。

一、专心向学

弟子得了功名，作为老师，周惺吾先生自是高兴。但是，他很清楚，自己无法再对弟子进行指点。于是，对于梁启超的学业，他大大方方地说："吾不能教之矣。"这话既表达了为师者的喜悦，又对梁启超的学问表达了赞赏。

于是，梁维清的仲冬寿辰过后，梁启超于来年开春求学广州。这一年，他受教于吕拔湖先生，并且开始喜欢段、王的训诂之学。段、王即乾嘉时的朴学大师段玉裁和王念孙。段氏撰有《说文解字注》，王氏著有《广雅疏证》。这两本书在当时影响很大。因为自两汉以后，文字训诂之学便黯淡了千余年。段、王之作，可谓横空出世的两颗璀璨明星，为有清一代的学术，增添了夺目光彩。可想而知，段、王的著作，自是引起了梁启超的极大兴趣。而梁启超也越研究越入迷，甚至逐渐有了放弃科考的想法。

梁启超的想法，在专制统治的时代，颇有点"大逆不道"的意味。因为，科举作为做官的正途，已是百姓根深蒂固的想法。梁启超要放弃科举，不论是面对授业恩师，还是面对家中长辈，将要承受的压力可想而知。

也许，正是因为有种种的考虑和犹豫，梁启超并没有立即放弃科考，而是再拜新师，于光绪十二年（1886）受学于佛山的陈梅坪先生。

但是，他对真学术、对真学问、对真学者，实在是心慕笔追，难以舍弃，便于次年游学广州，进入学海堂学习。

学海堂是由嘉庆年间的两广总督阮元所建。阮元是九省疆臣、三朝阁老、一代文宗。他所立的学海堂，自有一番学术气象。学海堂教授的内容，主要是训诂、辞章，刚好是梁启超感兴趣的内容。在他看来，"不知天地间于训诂辞章之外，更有所谓学业"。于是，经过认真学习和仔细考虑，他决定放弃科考，专心研究这门学问。

以梁启超的敏慧，学海堂的教学自然无法满足他的求知欲望。于是，他在堂外，还从学于石星巢先生。就在他如饥似渴地学习时，一个噩耗从故乡传来。

二、意外丧母

　　光绪十三年（1887）年初，梁启超是心情愉快的。一方面因为学业顺心，学问能够精进；另一方面则是梁家人人皆知的喜事，梁启超今年会再添一位弟弟或妹妹。谁知，刚进五月，意外就发生了。

　　五月初六，梁启超的母亲赵夫人在生产时，出现难产的情况，性命垂危。梁宝瑛等人便立时商议通知梁启超。然而，当时新会与广州之间，既没有电话，又没有轮船，要传送消息，只能依靠人力。结果，还未等梁家派人出发，赵夫人就撒手人寰了。

　　眼见着赵夫人驾鹤西去，梁宝瑛等人是万分悲痛。他们一边按照新会习俗为赵夫人停灵，一边派人驰报梁启超。但是，由于往返需要六天到八天，而广东天气又是酷热之时，等梁启超奔丧到家，赵夫人已然入殓了。

　　未能得见母亲的最后一面，梁启超伤心欲绝，哀毁骨立。母亲鞭策、教导自己的场景还历历在目，转眼间，却是天人永隔。他认为："终天之恨，莫此为甚！"

　　为了不负母亲生前的教导，梁启超把更多的精力投入到学习中去。当时，石星巢先生设教于广州翰墨池，梁启超除去在学海堂修习外，便奔波去石先生处受教。石先生的旧学功底很好，让梁启超获益良多。多年后，梁启超还想请他授课，来教导他的儿女辈。

　　值得一提的是，因为这一段缘分，石先生在晚年因贫无法生活时，想到的求助对象，就是梁启超。梁启超对年少时的业师也很感激，为他找了个书记员的工作。后来，石先生不适应这份工作。梁启超还写信给自己的长女,计划着请石先生教导长子。这都是后事了。总之,由此事可知,他们师生之间相处良好。事实上,梁启超的舞象之年,学问多由石先生指导。他后来告诉子女:"此老旧学尚好,吾十五六时之知识,大承得自彼也。"

在梁启超眼中,石先生是一位好老师;在石先生眼里,梁启超也是一位难得的好学生。因为在学业方面,梁启超实在太用心了,让石先生非常省心。梁启超对学问的上心,主要表现为多处求学。

三、好学不倦

在母亲丧礼之后,梁启超再赴广州,重入学海堂。

当时,广州有五大书院,除去学海堂外,还有菊坡精舍、粤秀书院、粤华书院和广雅书院,再加上石星巢先生所在的翰墨池,梁启超要跑五个地方学习。之所以是五个,而非六个,还得从光绪十四年(1888)说起。

这一年,梁启超十六岁,成为学海堂的正班生。入学不久,他就和谭仲鸾、梁伯尹等人拟入广雅书院。谁知,广雅书院有个制度让梁启超大不乐意。原来,广雅书院规定,但凡有地方长官莅临书院,全体学生必须在门前站班,共同恭敬地迎接。此外,该书院还规定,考入的学生,须入院住宿,不能在外应课。这让生性自由烂漫的梁启超,如何能接受得了?于是,除去广雅书院,梁启超便只在其余几处用心学习。

此外,学海堂对学子们也很照顾,会按时发给"膏火"。"膏火"本指夜间干活的费用,在学堂里,就成为助学金的代名词。对于像梁启超这样的正课生，甚至能拿到十多两银子的膏火。同时，学堂设有月考，月考设有奖赏，奖赏按等发放。成绩越好，奖赏也就越多。于是，对于最优秀的学生来说，奖赏甚至有数两白银。而梁启超正是最优秀的学生之一，他拿的奖赏自然不少。但是，他没有用这些银两游乐，而是购买了《四库提要》《二十二子》《百子全书》《粤雅堂丛书》等书籍，每到年假，就捆载而归。

正是因为有这样的积累，梁启超才能放笔成文，在十五六岁时就写下一万多字的《汉学商兑跋》。同时，他不辞辛苦，以院外生的身份，旁听了大量其他书院的课程，经常奔波于菊坡精舍、粤秀书院和粤华书院之间。这些书院虽然风格不一，但均以考证、辨伪和品行修养为主。

其实，对于广东学子来说，学海堂始终是首选。这不仅因为学海堂是由张之洞创办，而且因为学海堂被认为是广州的最高学府。学海堂的先生们被称为学长，一般有八人，每人都是不同流俗、博古通今，在广东学界颇有地位。于是，督抚到任时，往往要到学海堂拜谒。学海堂在广东的地位之高，可见一斑。

学海堂的学员也多是出类拔萃之辈。即使在人才济济的学海堂，梁启超也依然是最出色的那一个。学海堂有个传统，叫会食。每月初一时，学长和学员共同进餐，并交流心得。这时候，堂内便人头攒动，辩论热烈。这一天，也成为梁启超发表宏论、展示才华的好机会。所以，季课大考的成绩公布后，梁启超位居榜首，并没有太多的人惊讶。

让众人惊讶的是，季课大考，梁启超四季都是第一名。了解内情的人都说："自文廷式外，卓如一人而已。"卓如是梁启超的字。这话的意思是说，自从学海堂创办以来，除去文廷式，唯有梁启超取得了这样的成绩。果然，梁启超也和文廷式一样，为学海堂赢得更高的声誉。文氏于八年前的乡试顺利中举。而小文廷式十七岁的梁启超则在光绪十五年（1889）顺利中举。这一年，梁启超虚岁只有十七岁。

四、中举和乡

刚满十六周岁的梁启超，未及弱冠，就成了百姓口中的"举人老爷"，令梁家满门惊喜万分。这样的科考成绩，不仅打破了梁家的考试纪录，而且打破了茶坑村的考试纪录，让四乡八镇的村民佩服不已。众人皆做好准备，要去梁家登门道贺。谁知，梁启超却外出了。

带领梁启超离家的，是他的父亲梁宝瑛。梁宝瑛没有准备庆贺之事，反而带着儿子来到了相邻的东甲乡。这个举动，令众人相当惊诧，因为东甲和茶坑已经结怨三十载。

这事儿，在外省人看来，归根结底还是跟地理有关。俗话说，一方水土养一方人，一种环境塑造一种精神。与其他同名村的安宁富饶不同，新会的茶坑村少寒多暑，炎热潮湿，夏秋之间还常有飓风，令百姓积聚少、贫穷多。这虽然成就了乡民顽强不屈、善于应变、勤劳俭朴、务实求新的性格，可也培养了好勇斗狠、恃强逞凶、赌博盛行、盗匪出没的剽悍民风。于是，械斗成了家常便饭。而东甲和茶坑，积怨数十年，一直不得和解，械斗的情形也就愈演愈烈。这事，成了梁宝瑛的一块心病。

起初，因为茶坑村相对较穷，又没有获得科举功名的人，东甲人就不大看得起茶坑人。谁知，风水轮流转，梁启超中举了！不仅中举，而且扬名广州学海堂。于是，梁姓居多的茶坑村村民便扬眉吐气，觉得可以反攻了。

但是，素来厌恶械斗的梁宝瑛却阻止了村民的行为。他认为，这正是和解的好时机，反对由此报复他人。于是，梁宝瑛带着儿子专程去了东甲乡，谦恭地拜访与梁氏有宿怨的人，并执弟子礼，拜谒东甲人的宗祠。这让东甲的乡民非常感动。东甲和茶坑多年的积怨就此消除，双方能够友好相处。

梁氏父子此举影响甚大。大家都觉得：举人和举人父亲都能如此谦和，咱们普通人又哪能斤斤计较呢？于是，大伙儿都为械斗感到惭愧。茶坑村相邻的县、乡，也纷纷请梁宝瑛去帮助调解纷争。而梁宝瑛也不辞辛劳，乐此不疲。在他的不懈努力下，不只新会县的许多乡村改变了械斗的风气，就连附近的香山、新宁、开平、恩平、鹤山等县，械斗之事也大为减少。这是后话。

眼下的梁家，在解决宿怨后，才真正开始准备庆贺。梁家人是打心眼里高兴。这不但因为梁启超的举人身份，更因为梁启超的未婚妻。

五、考官做媒

时人皆知，十七虚岁、十六周岁的举人，在本朝可谓闻所未闻。但在前朝，却有一人，也是十多岁中举，最终成为一代传奇。这人就是中兴之臣张居正。张居正十六岁中举，二十三岁成为进士，最终官至内阁首辅，辅佐明神宗开创了"万历新政"，成为史上鼎鼎大名的人物。那么，同样年少中举的梁启超又将有何奇遇呢？

这个问题，众人虽然好奇，但更多的则是对梁启超的欣赏与赞叹。眼下，最赏识梁启超的，当属乡试的主考官。

己丑年的乡试考官，正座是李端棻，副座是王仁堪。王仁堪，字可庄，号公定，福建福州人，是光绪三年（1877）状元，工书善画，早已是名盛一时，但还不及主座的声名显赫。主座李端棻，字苾园，贵州贵筑（今贵阳市）人，以内阁学士的身份担任广东乡试主考官及顺天乡试、会试总裁，并兼任全国会试的副总裁。但这还不是他最引人注目的时候。后人皆知，他官至礼部尚书，是戊戌变法领袖、北京大学首倡者，被誉为"中国近代教育之父"。无论后人如何评论，李、王二人的眼力均是公认的不可小觑。

眼下，李、王二人不约而同地看中了梁启超。其实，刚看到答卷时，李端棻就对梁启超很赞赏，认为他有"熔金铸史"的文笔，应该是位"饱学宿儒"，便将他录取为乡试的第八名。没料想，梁启超是一位倜傥少年，且生得俊秀儒雅。李端棻便动了心思，想为梁启超做媒。谁知，王仁堪也动了同样的心思。

王仁堪有个女儿，正是花信之期、待嫁之年，若能与梁启超相配，王考官觉得十分满意。没料到，李主座先开了口，想把堂妹许给梁启超，王副座就只得隐瞒心事，连声称好。

其实，当李端棻话音刚落，王仁堪与他相视而笑时，李主座可能就确认了王副座的想法。也许，李端棻抢先开言的做法，正因为他早已猜到王仁堪的心思。此中缘由，旁人和后人已无法得知。但是，李端棻对梁启超的看重，由此可见一斑。也许，正因为李端棻的重视，王仁堪转而积极撮合，以便促成李、梁两家的秦晋之好。

六、得妻李氏

与王仁堪的女儿一样，李端棻的堂妹也是名门闺秀。她的父亲李朝仪任职京兆尹，相当于今天的北京市市长。她本人也是幼承庭训，熟读诗文，琴棋书画无所不通。更难得的是，这位官家小姐不爱金钱爱文章，不挑家财挑人才。所以，李学士认为，这个媒定能做得双方合意。

谁知，好事多磨，梁启超的父亲梁宝瑛起初并不同意。作为一个乡村私塾先生，梁宝瑛始终遵循孔子的教诲，严守本分，谨慎小心。他还是希望有一个门第差别不大的儿媳妇。故此，当王仁堪与他会晤，谈到这桩婚事时，梁宝瑛委婉地说："我们是寒素之家，恐怕委屈了李家小姐。况且齐大非偶，这桩婚事恐怕不妥。"于是，梁宝瑛坚决推辞，不敢接受。

齐大非偶的典故出自《左传》，讲的是太子忽拒婚的故事。据说，春秋时期，齐国国君想把女儿嫁给郑国的太子忽。太子忽不同意，并解释说："每个人都有适合自己的配偶，齐国相对郑国而言，是个大国，齐国公主不适合做我的配偶。"即使有共御外敌的交情，太子忽最终还是拒绝了齐国的联姻。两千多年后，梁启超和李小姐的差距，恐怕比齐国公主和郑国太子的差距还要大。所以，面对王仁堪，梁宝瑛引用这个成语，明确表达了自家门第低微、不敢高攀的意思。

但是，李端棻实在太欣赏梁启超了，听了梁宝瑛的说辞后，他就派人把自己的想法坦诚地告诉了梁宝瑛："我知道梁启超是一介寒士，但是他绝非池中之物，肯定会飞黄腾达的。我物色人才，从来不以贫富介怀。而且，我的堂妹也是深明大义之人，也从不计较贫富。所以，我才敢为她主婚。还请您家不要推却呀！"这番话最终说服了梁宝瑛，成就了梁启超和李小姐的美满姻缘。此后，梁启超成婚时，李端棻也是尽心操办，对梁、李联姻毫不马虎。

后事不提。只说梁启超年少才高，真真羡煞旁人。众人都觉得，对于梁启超而言，中得举人，遇得恩师，攀得贵亲，配得贤妻，正该是意气风发、年少肆意之时，但他却没有丝毫懈怠，跟随陈名樵、石星巢两位先生继续学习，预备着来年的会试。

第四节 二十岁的维新派

光绪十六年（1890）的春闱，众人并未对梁启超抱有太大希望，因为有清以来，最年轻的进士也不过二十多岁，而梁启超虚岁只有十八、周岁十七。不过，能进场练手，也是一桩好事。故此，众人依旧为梁启超精心准备。而忧心孙子的梁维清更是绸缪备至。最终，他还是觉得孙儿年少远游，需要打点，就让梁宝瑛带着梁启超入京。

青年梁启超

一、宿命的相遇

不仅是梁家人对此事用心，梁启超的老师也很上心。石星巢先生的关爱方式，与梁家人不同。他嘱咐弟子，要交游广阔，多见饱学之士。故此，他推荐梁启超去拜会汪穰卿，并写了《与穰卿贤弟书》。在信中，石先生讲述了门人中举的事情,并把梁启超排在第一位,赞他为"卓荦之士"。

汪穰卿就是汪康年。他与梁启超不同的地方有两点:一是他年长梁启超十三岁,梁启超还是稚龄学子时,他已是处于思想开放的而立之年;二是学校不同,梁启超在学海堂做学生时,他便考取了八旗官学的教习。

汪康年与梁启超相似的地方也有两点:一是他们均是光绪十五年(1889)中的举;二是他们均和康有为关系密切。汪、康、梁三人因中国历史上第一份创刊便风行全国的报纸《时务报》有一番纠葛,但这是六年后的事情了。这一年的汪、梁会面,是平静的,远远无法与康、梁会面相比。

其实,在会面前,梁启超就早已听说了康有为的大名。康有为,字广厦,号长素,广东省南海县(今广东佛山市南海区)人,故被称为"康南海"。这位梁启超的老乡于两年前,也就是光绪十四年(1888),上书皇帝,请求变法。但是,最终受阻,未能成功,只得返回了广东。可是,经此一事,康有为名噪一时。学海堂的陈通甫便以弟子礼侍奉康有为。他把这事告知了梁启超。梁启超落第回粤后,便亲自拜访了康有为。

光绪十六年(1890)八月,梁启超始识康有为。

这一次的会面,令梁启超终生难忘。多年后,他依然清晰地记得当时的情景。那时,梁启超少年得意,对于训诂、辞章方面的修为,有几分沾沾自喜。谁知,康有为直指这些是"百年无用之旧学",并通过反驳、诘问、举例,犹如当头棒喝,让梁启超顿觉冷水浇背。他把康有为的指点视作"大海潮音",看作"狮子吼",从辰时请见,直到戌时方出,相谈了十二个小时。

这样的会谈,让梁启超觉得惘然无措,且喜且惊,且怨且艾,且疑且惧。他在当晚与陈通甫联床夜话,竟然一夜无法入睡。第二天,他再次请见康有为,请教为学方针。康有为便把陆、王心学和史学、西学的梗概讲给他。这让梁启超心神震撼,决然舍弃旧学,退出学海堂。

后人皆知,康有为对梁启超的影响还不只是如此。梁启超追随康有为的脚步变

康有为与梁启超

法维新,也给梁家满门带来极大的变动。这是后话。只说眼下的会谈,不只梁启超觉得相见恨晚,康有为亦对梁启超印象极佳。他应梁启超之情,开设万木草堂,坐讲古今学术源流,并为梁启超的成婚而赠诗。

二、合意的婚姻

光绪十七年(1891)初冬,梁启超入京结婚。作为他的老师康有为,自然有诗相赠,并在诗中表达了对梁启超的期许:"贾王正年少,跌荡上天门。"

就在师友们的祝福中,梁启超于十月上京,与李小姐完婚。李小姐闺名李蕙仙,原籍贵州贵阳,是京兆公的女儿,内阁学士的妹妹。她出身高贵,品貌端庄,贤淑聪慧,知书明理。梁启超不会说官话,也就是普通话。李蕙仙就耐心地帮梁启超改口音,其间没有半点儿不尊重。这让梁启

超既感动又自豪,赞她为"任公闺中良友"。任公是梁启超的号,由其号可知其志不小。由此可知,夫妇二人是互敬互爱,成为旁人称羡的鸳侣。

在后人看来,李蕙仙嫁给梁启超时,已经二十三岁了,年长梁启超四岁,并且二人的婚姻,没有一点现代爱情的痕迹,全听父母之命、媒妁之言,带有典型的古代婚姻的烙印。但是,这些都没有影响到梁、李二人的幸福。他们相敬如宾,把婚姻经营得有滋有味,相互扶持着走过风雨岁月。由此可见,梁启超有很高的"齐家"功夫,而李蕙仙也有很好的"治家"之能。有人说,夫妻和睦是给孩子的最好家教。而梁、李二人相敬如宾,正是梁家满门俊秀的基础条件。这是后话。只说二人的婚礼,在李端棻的用心下,办得十分热闹。

婚典当天,李端棻邀请了一大批与自己志趣相投的当朝官员。这些同样具有变革维新思想的人聚在一起,不仅让婚礼更加喜庆热烈,而且让梁启超的交游更为广阔。在北京婚礼举行的同期,广东茶坑村的梁家也大摆酒席,在老宅里宴请诸位乡亲。梁、李二姓的结缘,得到了众位父老的祝福。

天有不测风云,在婚庆的喜气还未散去时,梁维清归于极乐世界。但是,梁启超却不能立即返回老家。

三、注定的落榜

光绪十八年(1892)正月二十日,梁维清去世,享年七十八岁。虽说高寿而逝,在村民眼里属于"喜丧",但在自幼长于祖父膝下的梁启超看来,却是摘心之痛。这份痛楚,让他直到十年后,才能完整地梳理与祖父相处的日子。他回忆道:"王父及见孙八人,而爱余尤甚。"平直的叙述,却难掩深情。可是,眼下的他,只能留在京城,只为了不辜负家人的期待。

此时的京城,士子们都非常紧张,因为二月的会试即将开始。梁启超作为举子,自然也要参加春闱。巧的是,这次的科考,担任总裁的恰好是他的妻兄李端棻。于是,有人便出主意,让梁启超打通李总裁的关节,请李端棻多加照顾,但被梁启超严词拒绝。

对于二十岁的梁启超而言,这已经是他第二次参加会试了。如果通过,他就会打破大清立朝以来的科举纪录。如果没通过,也是很正常的事情。有人统计过,会试成功者的平均年龄大多是超过三十岁的。二十多岁的贡士都是很难得的,更别说梁启超才十九周岁了。更何况,梁启超在策论中痛陈时弊,大谈变法,倡导维新,主张变革,这怎能令守旧的阅卷官们接受?故此,会试的结果可想而知。于是,再次落榜的梁启超,带着妻子返回了广东老家。

也许是因为之前的喜事太多了,而生活总是有波峰又有波谷,梁家这一年的日子,十分不平静。先是梁启超的祖父逝世,接着是梁启超落第,然后是梁启超的五弟刚出生不久就夭亡了。但是,生活又总是悲喜相交。同样在这一年,梁启超的六弟出生了。另外值得一提的是,这一年夏天,梁启超带回故乡的妻子,让梁家人觉得十分可心。

离开了繁华的京城,李蕙仙嫁夫随夫,来到了沿海的村庄。她面对的不再是养尊处优的生活环境,而是弯曲泥泞的乡间小路;不再是畅怀适意的诗词歌赋,而是纷繁芜杂的家务琐事。但是,她没有丝毫怨言。

四、新妇的惊讶

梁家的贫苦，超出了李蕙仙的预料。

当梁启超和李蕙仙回到茶坑村，梁家的家境依然还是老样子。梁宝瑛依然带着子孙半耕半读。梁家的家产依然是那几间不大的屋子。为了迎接新媳妇，梁家借用了梁姓公用的一间屋子，作为梁启超和李蕙仙的新房。这对于生长于高门大院的李蕙仙来说，确实有些不习惯。而房子狭小、简陋还只是一方面，炎热潮湿的气候环境，薄田度日的艰苦光景，迥异京城的生活方式，再加上晦涩难懂的方言土语，李蕙仙的不便与困难是可想而知的。

但是，这诸般超出意料的事项都未让李蕙仙吃惊。她惊讶的是，梁家无人抽大烟！

这事放在李蕙仙的家乡贵州，是难以置信的。众所周知，云、贵两地是鸦片出产之区。那边的男女老幼，几乎无人不吸食大烟。故此，那边人携备烟具，是寻常之事。而那些沿途卖烟的人，或于道旁布下座席，或于窗口伸出烟枪，零售现卖，都是平常之事。而梁启超的老家广东，也早是鸦片泛滥的地方。不然，五十多年前，也不会有林则徐虎门销烟的事件了。故此，李蕙仙初到新会时，一见着乡邻，就问人家是否吸食鸦片。究其缘由，就是她以为这里的习俗和贵州一样。

但是，梁家老小，自梁维清起，没有一个人碰鸦片。也许因为虎门销烟是第一次鸦片战争的导火索，作为战争后果的《南京条约》令梁维清痛恨不已；也许因为自身生性俭朴，一直以勤俭之道持家。总之，在洋人倾销鸦片的重灾区，梁维清能够始终抵制诱惑，不沾恶习，并且严禁家人抽大烟。在他之后，梁宝瑛不仅谨遵父命，而且律己更严，时人所有的嗜好，不论大小，他一概摒弃。有这样两代当家人，鸦片在梁家，自然是被禁绝的。这让李蕙仙既惊奇又佩服。而只此一事，就足见梁家家风的严谨。

值得一提的是，李蕙仙出身的李氏一族，也与梁家观点一致。李端棻等人是全家拒烟，"悬为厉禁，举家不染此癖"，被视为"贵州之特别人家"。可见，梁、李两家能结百年之好，也是早有缘分。而具有相同价值观的媳妇，自然受到梁家人的欢迎。

五、宝贝的诞生

最喜欢李蕙仙的，恐怕是梁启超的继母了。

在梁启超的生母赵夫人过世后，梁宝瑛又娶了位继室。这位李蕙仙的继婆婆，只比她大了两岁。但是，李蕙仙对年轻的婆婆没有一点儿不敬，反而相处愉快，倍得欢心。总之，她与梁家人和睦地住在一起。

更难得的是，李蕙仙教养极好，也和之前嫁入梁家的女子一样，不嫌茶坑僻陋，不嫌梁家寒俭，克服种种困难，过着井柏操劳、清苦平淡的生活。就在一天天粗茶淡饭的日子里，李蕙仙孝敬老人，尊敬长辈，爱敬平辈，爱护晚辈，出入乡里时，没有一点儿官家小姐的架子，在村里的口碑是越来越好，成为人人说好、个个称赞的"孝贤之女"。

这样的李蕙仙，自是让梁启超更为爱敬。在成婚一年多后，两人的第一个孩子出生了。

这个生于光绪十九年（1893）二月二十八日的宝宝是个女儿。但是，她却是最得梁启超喜爱的一个孩子，是梁启超一封封家书里的女主角，是梁启超一次次牵挂中的主人公，更是梁启超醉后一声声念着的"思顺儿"。

梁思顺，字令娴，出生于父亲的老家茶坑村。因为母亲李蕙仙出生于北京，即清代的顺天府，为表纪念，她被取名为"思顺"。在她诞生后，母亲又诞下一子。可是，这个孩子不久就夭折了。直到八年后，梁启超长子才出生，因此梁思顺一直以独生女的身份备受宠爱。她不仅是梁启超的长女，更是梁家的"大宝贝"。而这个称呼不仅是口头上的，更落实到了梁家的家书里，落实到了梁启超的行动上。虽然她出生时的情况，后人已不知详情，但是透过梁启超家书的字里行间不难推断，她的诞生，令当年初为人父的梁任公有多么欢喜！

欢喜之余，却是遗憾。因为梁启超太忙了，无法好好陪伴自己的宝贝。

六、新成员的加入

梁思顺出生的第一年，梁启超于冬季讲学于东莞。

梁思顺出生的第二年，梁启超于二月入京，但十月返粤。入京时，他带着妻女。谁知，六月末碰到了中日甲午战争。一时间，北京城风声鹤唳，他便让夫人回老家贵州避难。

就在岁月的不经意间，一个丫头来到了梁家。谁也没想到，这个女孩子会在日后成为梁家不可或缺的一分子，成为梁启超子女口中呼唤的

"娘"。她就是王桂荃。这一年,王桂荃只是京城李家的一个小丫鬟,对目前的生活非常满意。她出生于光绪十二年(1886),也就是梁启超十四岁那一年。但是,与梁家对新生儿的喜爱不同,她的出生并未得到自家的欢迎。

王桂荃生于四川广元,原名王来喜。她家中只有几亩薄田,依靠父亲耕种度日。在母亲早逝后,父亲又娶了继母。谁知,继母迷信算命先生的胡言,认为她命硬,克父又克母,就经常虐待她。雪上加霜的是,她刚四岁,父亲就暴病而亡。随后,继母进城办丧事时,聘请的账房先生竟然席卷了家财,还把她卖给了人贩子。结果,从四岁到十岁,小来喜先后被转卖四次,饱尝辛酸。直到被卖进李家,她才过上了安稳的日子。可是,平静的日子没过几天,她又换了主人。单纯的她,完全没有预料到,这次的变动,将会给她的人生带来翻天覆地的变化。

光绪二十年(1894),李家远嫁的小姐李蕙仙回京省亲。李小姐觉得来喜聪明又勤快,便把她带入梁家做丫鬟。在清代,主家给丫头改名是常有的事。比如《红楼梦》里的鹦哥,因为跟了林黛玉,便被改名为紫鹃。于是,王来喜自然而然地被梁启超改名为王桂荃。这个机灵的丫鬟一面照顾两岁的梁思顺,一面服侍自家小姐和姑爷。她发现,主人梁启超时常是事必躬亲,忙碌非常。

七、家主的忙碌

梁思顺出生的第三年,梁启超还是于二月入京。但是,他的主要目的不再是会试,而是结交天下英才。就在这一年,清政府与日本签订了丧权辱国的《马关条约》。气愤不已的梁启超自然参与了"公车上书"事件。不论事件的结果如何、真相如何，梁启超的身上，深深打上了维新派的烙印。这一年七月，他创办强学会，愈发频繁地参与各项活动。

梁思顺出生的第四年，梁启超离开北京，赴上海参与创办《时务报》。他的声名越来越响。

梁思顺出生的第五年，梁启超终于南归省亲。他在春天返回故乡，很快又带着亲人来到上海。秋季，他得了一子，没想到，这个孩子只活了一天。但是，繁忙的生活冲淡了悲伤，他又奔赴长沙讲学。在后人眼里，他忙碌的政治生活，透露着"山雨欲来风满楼"的气息，映衬着清朝国运的风雨飘摇。

梁思顺出生的第六年，梁启超开春就不顺利。正月里，二十六岁的他大病一场，几乎丧命。这并不是一个好兆头。果然，从二月赴京开始，他就忙碌不已。三月，他虽在病中，但还是参与创办保国会。四月，他联合百余位举人，上书朝廷，请求废除八股取士制度。

在日益紧张的政治活动中，梁启超个人的命运也和整个朝廷的氛围一样，日渐紧绷。几乎是眨眼间，戊戌政变爆发。而几乎又是眨眼间，戊戌变法失败。其间种种，复杂难辨。后人从梁启超所著《戊戌政变记》的字里行间，足以窥探变法的险象环生。依文中所记，当时的八月初六，梁启超正在拜访谭嗣同，忽闻康有为居处被抄的消息，当晚即避居日本公使馆。不久，他乔装离京，东渡日本。

与此同时，搜捕的官兵，正前往他的老家。

第三章

无情未必真豪杰

梁启超在广东新会,始终是个名人。他这一路行来,十岁的神童,十二岁的秀才,十七岁的举人,二十岁的维新派……几乎每个身份都让他受到赞誉。但眼下,让他再次扬名的身份,却是二十六岁的流亡者。

第一节　断发胡服走扶桑

戊戌变法失败后，梁启超避难日本。离开祖国，他百感交集，虽然身若转蓬，但是豪情不减。他在日本人的军舰中，开始译书，并写下数百言的《去国行》，倾吐胸中块垒。

他难过："割慈忍泪出国门，掉头不顾吾其东。"他愤怒："浮云蔽日不可扫，坐令蝼蚁食应龙。"他感慨："男儿三十无奇功，誓把区区七尺还天公。"就在思绪万端波澜起伏时，梁启超最挂心的，还是家中老幼。

剪辫后的梁启超

一、全家避祸

戊戌事变后，梁启超的父亲梁宝瑛反应迅速。他在梁启超年幼时，就时常教导儿子；梁启超参加科考，他也是全程陪同。故此，他对儿子的情况非常上心。梁启超在京有变，他自是不会拖儿子后腿。当然，也为了全家老小考虑，他便带着亲眷避居澳门。

此时，新会茶坑村的梁家，虽然遭到官兵搜查，但是并未遭受大的祸患。梁宝瑛为了让儿子安心，特意写了《戊戌遇变赋》，表达安适的心境，并寄给儿子。或许是父子连心，梁宝瑛在为儿子考虑的同时，梁启超也早就为父亲作了考虑。

《弟子规》中讲："亲爱我，孝何难？"梁启超的孝顺，在他赴日后写给妻子的信中，展现得淋漓尽致。

光绪二十四年（1898）九月十五日，梁启超致信李蕙仙，告知了存款所在之处及所托之人。他特意嘱咐妻子说，对于所保存的银两，希望常常在父亲那里留下二百金，以备父亲取用方便。因为他太了解父亲了，知道父亲的性格是心中有话，口里常常不肯说出。如果梁宝瑛急需使用，却手头无钱，而他又不愿意跟儿媳开口，必然会心生烦恼。故此，梁启超委婉地叮嘱妻子，不要把钱全存于自己手中。

《礼记》中说："孝子之养也，乐其心，不违其志。"熟读经典的梁启超自然也信守奉行。他不仅考虑到了父亲的物质生活，而且充分思虑到了父亲的精神生活。梁启超在写给夫人的信中，第一段就嘱托李蕙仙，代他"曲尽子职"，劝慰开解父亲心中的抑郁。而在最后一段，他还详细讲了自己在日本的情形：有政府优礼，有义仆跟随，饮食起居，方便如常。他加叙这些内容，为的是请妻子转告父母，令他们安心。

眷眷父母意，拳拳子媳心。梁家遭逢大变，却父子、夫妻互助互敬，颇有豪门大族的世家气象。这正应了那句"家和万事兴"的俗语。所以，梁启超的出人头地，也是自然而然。事实上，维新变法也不过是他事业的起点，梁启超在这之后的历史舞台上，将上演更精彩的故事。一百多年后，在学界推崇的《剑桥中国晚清史》中，梁启超的名字出现的频率高过同时代的皇帝、权臣，成为《剑桥中国晚清史》中曝光率最高的一个人，足见梁启超人生的波澜壮阔，也足见梁家满门的起伏跌宕。这是后话。

只说眼下，梁宝瑛、梁启超父子同德，梁启超、李蕙仙夫妻同心，在旁人看来，殊为难得。而尤为难得的是，梁启超和李蕙仙的彼此扶助、互相支持。梁启超既然有"前路蓬山一万重，掉头不顾吾其东"的志向，李蕙仙便不会"夫妻本是同林鸟，大难临头各自飞"。一个在日本殷殷期盼，一个在澳门苦苦守候，端的是"人居两地，情发一心"！

在这种情形下，李蕙仙自然想去日本，但是，梁启超却拒绝了。

二、劳燕分飞

戊戌变法之后，梁启超对妻子是既敬佩又内疚。他敬佩的是李蕙仙的大家风范：遇事从容，辞色不变，毫无怨言，且有壮语；他内疚的则是对李家的牵连和加诸李蕙仙身上的重担。

梁启超对岳父一家，是敬重且信任的。他与李蕙仙成婚后，亦师亦友的妻兄李端棻不仅对他的生活照顾有加，而且对他的事业也多有提携。李端棻不但向皇帝推荐他与康有为，还时常采纳他的主张，积极支持变法。当他离京时，李端棻还赠了二百金，以备其不时之需。而他去国之时，亦将两万余金的银两的处置，交托给李蕙仙的十五兄。结果，李端棻却因他而受到牵连，被流放边疆，安危难测。于是，敬重和信任便化为了深深的愧疚。梁启超赴日后，每每想起李家的遭遇，就难过得流下泪来，认为自己恩将仇报，实在难以心安。

与此同时，李蕙仙在戊戌变法后明达无畏，又令梁启超敬服不已，使他能够把家事安排放心地托付给妻子。这种种缘由加起来，让梁启超对李蕙仙由衷赞叹："斯真不愧为任公闺中良友矣。"但是，当这样一位亲密的良友提出要到日本共同生活时，梁启超却拒绝了。不过，他的推却有理有据，而又委婉有度，让妻子十分安心。

光绪二十四年（1898）十月十三日，梁启超写信给妻子。在信中，他先报备了自己的生活情况，然后把不方便的地方实实在在地讲给李蕙仙听。首先，他认为在患难之中，没有接妻女来住，却不顾父母兄弟的道理。若把全家接来，则花费又高，搬动也不容易。其次，他为国效力，应当从大义的角度来考量事情。若有家眷跟随，则不大方便。更别说，他一直行踪无定，不能长留一处。再者，日本对于李蕙仙来说，是异服异言之地，恐怕不能安居。

紧接着，梁启超又告诉妻子，他这样的心事，也写在了给父母和二弟的书信中，李蕙仙可跟家人求证。然后，梁启超又夸赞了一番李蕙仙，认为她是通达之人，志气不同于凡俗女子。

最后，梁启超还向妻子分享了自己的感悟："世俗之荣辱苦乐、富贵贫贱，无甚可喜，无甚可恼，惟有读书穷理，是最快乐事。有时忽有心得，其乐非寻常所可及也。"他委婉地鼓励妻子，多读书，多与人切磋。

在一些心理学家看来，人与人的有效交流，态度占70%，内容占30%，好好说话，才能相处长久。而梁启超写给李蕙仙的书信，不仅态度诚恳友好，而且内容丰富有情，自然达到了"家齐"的效验。

三、夫妻团圆

当然，梁启超并非完全不顾妻子的意愿，完全不想和妻女团聚。光绪二十五年（1899）三月二十四日，梁启超致信李蕙仙，表达了自己的一个遗憾。

原来，日本横滨开设了女子学校，欲请康有为的长女做教习。梁启超便想让妻子同来。谁知，好事多磨，他忽然接到书信，将要游历美洲，便只能暂缓接妻女来日。在信中，梁启超还表达了对岳母年高的担忧，以及对妻子回娘家的一些考虑。梁启超的这些话语，对妻子而言，是比较贴心的，想必，能解得李蕙仙的二三分愁闷之情。

李蕙仙是一位大气的女子，她识大体，顾大局。想来，若没有她的支持，梁启超作《壮别》诗，写出"高楼一挥手，来去我何难"的底气，恐怕要少上几分。

此外，李蕙仙还是一位仗义的女子。当同年秋天，她和女儿终于被接去日本时，她带上了娘家的亲戚和小孩，并一直接济亲友，抚养子侄。后事不表，只说眼前。在金秋十月，李蕙仙抱着女儿，搀扶着梁宝瑛，看着客轮慢慢地靠近长崎港。只见码头上，梁启超已等候多时。待得入港下船，阔别重见的一家人，禁不住喜极而泣。

随后，一家人来到东京的新家"吉田宅"。这个名字有个缘故。戊戌变法后，梁启超等人亡命日本，为了躲避内地耳目，都改了名字。当时，梁启超正在读吉田松阴的书，慕其为人，便改名为"吉田晋"。夫唱妇随，李蕙仙也入乡随俗地改名为蕙仙子。而他们的长女梁思顺，因为要入读日本小学，也更名为吉田静子。"吉田"一家，开始了安心的团圆生活。

值得一提的是，李蕙仙的得力助手，她从娘家带来的丫鬟王桂荃，成为家中的一个主要劳动力。王桂荃在跟随主家流亡日本后，没有畏缩不前。她接触了日本现代文明，接受了新思想和新思潮，在开阔眼界的同时，还迅速地学起了日语。不久，她便能说一口流利的东京话，可以负责家务方面的对外联系工作了。

由其仆可知其主，李蕙仙和丈夫梁启超一样，都是心胸开阔之人。在她的主持下，梁家虽然客居他乡，却能共享天伦之乐。

谁知，花不常好，月不常圆。梁启超夫妻团聚不到两个月，就又面临着分离。事情的起因，与孙中山有关。

第二节　莫愁前路无知己

正当梁启超全家团聚之时，他忽然接到了孙中山的邀请。原来，孙中山希望革命党能和梁启超所在的保皇会相联合，便邀请梁启超赴横滨商谈。在会上，孙中山被推举为会长，梁启超被推举为副会长。此时，对于康有为，孙中山说："弟子为会长，为之师者，其地位岂不更尊？"于是，大家公推梁启超草拟康有为劝退书。

谁知，有人把此事告知康有为。康有为震怒，勒令梁启超前去檀香山办理保皇事务，并且不得延误。师命难违，梁启超只得登上前往美国的客轮。满怀抑郁之情的他，想不到此行会有一段浪漫的相遇。

一、青衫红粉讲筵新

梁启超在檀香山开展保皇事业，受到了热烈的欢迎。究其缘故，是因为他早已名扬海外。于是，除去观光和大量的演讲、集会外，梁启超还需要出席各种各样的宴请。就在各方面形势大好之时，却依然有不和谐之事干扰着梁启超的视听。

原来，梁启超因变法之事，被清廷高价悬赏缉拿。当他在檀香山展开各种游说活动时，清廷又买通一家英文报纸，对梁启超大肆攻击。梁启超虽然学富五车、能言善辩，但无奈的是，他于英文，实在不擅长。故此，对于这种谣诼毁谤，梁启超颇有些束手无策。

谁知，就有一位侠义之人，对此不平之事愤慨不已。这位正义之士以不具名的方式，在另一家英文报纸上连续发表数篇文章，对诋毁梁启超的新闻消息逐一批驳，其犀利、明锐的笔锋，直辩得那家报纸哑口无言。此等义士，梁启超自是记在心上。无奈，他问遍保皇友朋，始终不知其人姓甚名谁，是哪里人士。

就在梁启超满腹狐疑时，忽然接到了一个邀请函。他没有想到的是，这份邀约，成为他解惑的契机。

梁启超在美国的声誉，是自不待言的。故此，他得到宴请，是十分常见的事情。但是，不常见的是，他这次赴宴的主人家，派了位妙龄女郎一同迎接他。

那是一天下午，宴席的主人何先生，一看到梁启超，就带着自己端庄清秀的女儿迎了上来。这位何小姐没有闭月羞花之貌，却生得落落大方，毫无扭捏造作之态。经过介绍，梁启超方才得知，这位何小姐名为何蕙珍。宾主落座后，何蕙珍便就位于梁启超旁边。

那么，何老先生为何做如此安排呢？原来，这次宴请，座中有很多洋人，席间多用英文。故此，何先生就让其女为梁启超翻译。何蕙珍成长于华侨社会,对广东话并不陌生,且长期接受西方教育,英语自然娴熟流利,翻译对她而言,可谓小菜一碟。

按照何家的安排,先由梁启超作讲演。梁启超引经据典,借古鉴今,侃侃而谈,滔滔不绝。与此同时,何小姐开始翻译。她的表达明白晓畅,语言准确贴切,令不懂汉语的人,也听得津津有味。他二人的配合,十分默契,不时赢得众人的点头称赞。

待讲演完毕,便是开宴。席上众人是品酒吃菜,谈笑风生。在觥筹交错间,何蕙珍显得十分活跃。她学识广博,谈吐不凡,对梁启超及其著作十分熟悉。这让梁启超大感意外。交谈到酣畅之际,何小姐忽然对他说:"敝人一向敬重先生的人品,更佩服先生的文章。今日一见,没想到如此契合,故而我也不便藏拙了。"接着,何小姐拿出一沓手稿:"这是我起草的文章,冒昧代先生笔战,请您指教!"

看着何蕙珍出示的文稿,梁启超既惊且喜:原来,身畔人就是那位"侠士"呀!只见何小姐的文辞清丽,论说又通达透彻,令梁启超感激之余,又心生佩服。时光飞逝,眼见着宴席已毕,梁启超即将告别何家,也许与何蕙珍再无交集,何小姐便提出了一个要求。

二、波澜起落无痕迹

当梁启超将要离开何宅时,何蕙珍有些不舍。她在向梁启超道别时,满怀真挚地说:"今日一别,也许再难相见。"只此一句令能说善道的梁启超竟无言以对。只听得何小姐轻舒一口气,仿若含着千斤重的橄榄,缓缓地说:"敝人有个小小的要求,倘能得先生一张照片,以作纪念,我就心满意足了。"言毕，二人相顾无语，就此别过。

几日后，梁启超送给何蕙珍一张照片。何蕙珍亦回赠自织的扇子。二人遂以兄妹相称。一切，仿佛尘埃落定。

不久，一位朋友来访，与梁启超谈到了活动安排时，朋友试探着问："先生游历美洲，此事极好，但先生不会英语，有诸多不便，不知先生是否同意带一位翻译呢？"梁启超已然吃过不通英文的亏，自然是愿意的。

于是，朋友笑了笑："先生有志于西学，必先学外文，何不娶一个既通英语又懂华语的女子，岂不两全其美？"梁启超大笑："哪有这样的女子肯嫁给我？更何况，我已有妻女了。"这位朋友意味深长地说："我怎敢开先生的玩笑？我只问您一句，若有这样的女子，先生将何以待之？"

梁启超闻弦歌而知雅意，他知道朋友所提的翻译定是何蕙珍，就沉思片刻，直言拒绝了。梁启超告诉朋友，昔年，他与谭嗣同曾创办"一夫一妻世界会"，声明决不纳妾娶小。故此，他不能自食其言。

此外，梁启超自认是亡命之徒，正被清廷悬赏捉拿，危机重重，处处凶险，随时有性命之忧，和妻子都聚少离多，无法厮守，又怎能再连累一个好人家的女子呢？另外，梁启超还向朋友解释说，他如今声名在外，一举一动都令人瞩目，如果有了这种事，别人又会怎么看待自己呢？

梁启超既然有这些缘由，那位朋友也无话可说。就在沉默中，梁启超觉得心有不忍，便补充道："虽然我非良配，但是我倒可以为这位翻译小姐介绍一个如意郎君，您认为如何？"话音未落，朋友急忙阻止他："不可。先生想必已知晓我说的是谁了。她对其他男人是不屑一顾的。先生不要再说下去了。"朋友说完，便怅然而去。

梁启超虽然拒绝了友人的好意，但他本是言不由衷，故而心里也颇不好受。他依据对时局的判断，准备离开檀香山。谁知，在即将返回日本时，他又看到了那道倩影。

三、檀香山第一知己

得知梁启超将要离开美洲，当地的朋友便设宴作别。没料想，这次宴请，作陪的竟是何蕙珍。

席间，梁启超心情复杂，不敢触及敏感的话题。倒是何蕙珍大方自如，安然若素。她痛陈中国女学不兴之弊，表达整顿小学教育的宏愿，还劝梁启超加入基督教。她的言论，使梁启超几乎难以应付。听了何蕙珍的志向之后，梁启超先对她表达了敬佩之意，然后说："我有一女，若他日有缘，便做贤妹的弟子好了。"何蕙珍立即答应，并对梁启超说："听闻尊夫人为上海女子学堂提调，想才学也不亚于先生，未知我们是否有缘相见，还请先生代我向夫人问好。"

待到宴席已毕，离别来临之时，何蕙珍不由有些伤感，她对梁启超讲了自己的规划，欲待学成归国，与梁启超重逢。她说："先生他日维新成功后，不要忘了小妹。如果有创立女学之事，请来电召我，我一定去。"话音未落，何蕙珍早已泪盈于睫。而梁启超也不忍看她，轻声道了句"珍重"，就连忙告别了。

回到寓所后，梁启超的心潮久久不能平复，他明知对待大家闺秀，不应起不该有的念头，但却控制不了自己。他的心头犹如鹿撞，忽上忽下，

"自顾生平二十八年,未有如此可笑之事者"。当天晚上,梁启超度过一个无眠之夜。他多番考虑,终于作了一个决定。

五更时分,梁启超披衣起床,给妻子李蕙仙写了封长信,诚实地讲述了自己的心情,并详细叙述了他与何蕙珍的相识与交往。他告知妻子,何小姐心地洁净,必不像自己这般可笑可恼。他还向妻子表明了对何蕙珍的态度,是"唯有敬爱之而已"。

梁启超把这段情缘如实告知妻子,一方面表明他对何蕙珍"发乎情,止乎礼",不会有别的关系;另一方面也表明了他对妻子的坦荡和对梁李婚姻的忠诚。然而,李蕙仙接到丈夫来信,内心却百感交集。深受女德教育的她,给梁启超写了封回信,大意是说:丈夫不是女子,不必从一而终,若真的喜欢何蕙珍,身为妻子,便准备禀告父母,成全你们;若真像来信中所说,梁何之事早已作罢,就把它放过去,不要再挂心,保重身体要紧。

李蕙仙的回信,让梁启超大惊失色。他赶忙给妻子写信,阻止李蕙仙告知父母:"卿必累我挨骂。即不挨骂,亦累老人生气,若未寄禀,请以后勿再提及可也。"他向妻子剖白心迹,在"拳匪陷京津,各国干涉"的时刻,他要为国难奔走,与何蕙珍之间绝无可能,并已停止接触。同时,他表达了对妻子的深情厚谊。

就这样,经过几番书信往来,梁启超与李蕙仙消除了误会,加深了感情,双方复归如初。随后,梁启超匆匆返回日本,结束了檀香山之行。而后人只能从他的《纪事诗》中,略约窥探出这段感情的蛛丝马迹:"颇愧年来负盛名,天涯到处有逢迎。识荆说项寻常事,第一知己总让卿。"

四、长子出生

也许，真如《诗经》中所讲："士之耽兮，犹可说也。女之耽兮，不可说也。"对于二十岁的何蕙珍而言，与梁启超的相遇、相知乃至相思，是一段新奇而深刻的感情经历。但是，对于将近而立之年的梁启超来说，"武装勤王"的大计，是更需要他全力关注的事业。而当时的时局，却也正是危如累卵。

就在梁启超与妻子书信往来，为儿女情思着恼之时，先是义和拳事件爆发，拳匪毁教堂，杀教民，围攻公使馆；继而英军首陷京师，慈禧太后与光绪皇帝离京西行；同一时期，梁启超不顾清廷悬赏，前往上海，为了"武装勤王"，准备自立军起义。谁知，由于经费缺乏、联络不畅等原因，起义失败了。梁启超的好友唐文才等人，英勇就义。

此事对梁启超打击极大。但是，"男儿志兮天下事，但有进兮不有止"，梁启超很快就振作精神，怀着"著论求为百世师"与"十年以后当思我"的自信与乐观，继续探求救国救民的道路。

值得一提的是，就在这一年，梁启超写作了《少年中国说》，极力颂扬"美哉我少年中国，与天不老！壮哉我中国少年，与国无疆"！这篇文章，直到110多年后，依然广为流传。其中的选段，成为各中小学的必读篇章。这是后话。只说在当时，在光绪二十六年（1900）的如晦风雨中，梁启超能想到"少年中国之少年"，与幼时的庭训，着实分不开。

岳武穆《满江红》有词句曰："莫等闲，白了少年头，空悲切。"梁启超对此感触颇深。因为他自六岁时即由祖父梁维清口授记忆，至今仍然喜诵之不衰。这种幼时的教导,是播在他心灵深处的种子,一遇时机,便迎风而至参天,长成了《少年中国说》的模样。自今已往,梁启超决定抛弃"哀时客"之名,以更加饱满的少年人的精神,展开工作与学习。

这也许是一种冥冥中的预示,就在同年,李蕙仙怀孕了。她孕育的,很可能就是一位"如朝阳,如乳虎,如侠,如戏文"的少年。果然,转年的春夏之交,也就是光绪二十七年(1901)的四月,一个男婴降生到了东京的"吉田宅"。而此时的梁家人,喜悦中却带着担忧。梁家人不会在意,这位名唤梁思成的小婴儿,未来在中国现代建筑学中的地位,犹如其父在近代文化史上的地位。梁家人担心的是,这个孩子能否健康、快乐地成长起来。

原来,梁思成出生时,与正常的孩子不大一样。他两腿畸形撇开,两脚尖相对,让祖父母和父母都很忧虑。他毕竟是梁家下一辈的第一个男孩子啊。于是,梁启超为他求助于外科医生。

在医生的建议下,梁思成的双脚被扳正,用绷带扎紧,然后放入一个小木盒里。一个月后,梁思成的腿果然治好了。只不过,他的脚板还是斜的,但是,这完全不影响正常生活。年幼的梁思成,皮肤白净,雪玉可爱,是个秀气的男孩子。他的诞生,是梁启超在奔走筹款间最大的喜讯。而对于维新人士来说,更大的喜讯,则是来自朝廷。

五、纳妾王桂荃

在梁思成出生三个月后,清廷被迫接受"议和要求";在梁思成出生六个月后,西逃的慈禧太后和光绪皇帝才返回京师。这几个月来,清廷为敷衍外国人,数次颁布维新上谕,频繁接待外宾。维新变法的形势又大好转,甚至是打开了蓬勃发展的局面。

在这样的情势下,梁启超的繁忙程度比之戊戌变法之时,也是不遑多让。光绪二十八年(1902),梁启超在日本横滨创办《新民丛报》,发表《新民说》。在救亡图存的时代主题下,该报成为中国言论界的指挥棒。与此同时,梁启超还发起了"史界革命""文界革命""诗界革命""小说界革命"等,用突破古文手法,"纵笔所至不检束"的"新文体",令时人耳目一新。当时,只有十六岁的毛泽东拿到《新民丛报》后爱不释手,"读了又读,直到可以背出来"。他在就读湖南第一师范初期,还时常模仿梁启超的新文体。

由此可见,梁启超的影响之大。由此可知,梁启超的生活之忙。"风云入世多,日月掷人急。如何一少年,忽忽已三十。"梁启超在而立之年,不仅开创了自己的新天地,而且在精神上也获得独立。他的声望渐渐超过了老师康有为,思想上也摆脱了康有为的束缚。

王桂荃

思想上的解放,事业上的发展,工作上的繁忙,令梁启超宵衣旰食、席不暇暖。他的身边急需人照顾。就在日复一日的忙碌中,少女王桂荃与他越走越近。

碧玉年华的王桂荃,在陪同李蕙仙来到日本后,很快成为梁家必不可少的助手。她聪慧细心,善解人意,成为全家第一个学会日常日语的人,并能阅读日文报纸。她像那个年代所有忠心的大丫鬟那样,帮助李蕙仙主持家务,不仅是主人各项意图的忠实执行者,而且是家庭的主要劳动力。于是,梁启超奔走国事时,便常由她照料生活。光绪二十九年(1903),梁启超与王桂荃成婚。次年十一月,梁启超的第二个儿子梁思永出生了,生母是王桂荃。

此后,王桂荃待梁家更为尽心。她继学会日语之后,又学会了26个英文字母,开始督促梁家的小一辈们背记英语单词,成为李蕙仙的得力助手和梁启超的忠诚伴侣。然而此时的梁家,人和了,地却不利了。

六、获赠"双涛园"

梁启超全家初到日本时,虽然有"吉田宅"可栖身,但终究是在异国他乡,生活相对艰苦。梁家起初由日本政府供给生活费用,后又依靠办报收入维持生活,日子过得不是很稳定,有时候全家人只能吃米饭就咸萝卜或者清水煮菜蘸酱油。而随着家中两个孩子的诞生,住房也紧张了起来。

就在此时,一位华侨送来了及时雨,他将自己的别墅"怡和山庄"借给了梁家。于是,光绪三十二年(1906),梁氏迁往神户郊外的须磨海滨居住。这是块舒适美丽的地方,依山傍海不说,还有一大片松林。生活于此的人们,不仅能听到海涛拂岸,而且能听到松涛穿林。故此,梁启超将别墅改名为"双涛园"。而这里,也成为他一生中最舒适、最美丽的驿站。

在梁家入住双涛园的第二年,梁思忠出生了,他是梁启超的三子,也是王桂荃的第二个孩子,日后更是李蕙仙最喜欢的"孝子"。

在梁家入住双涛园的第三年,梁思庄诞生了,她是梁启超的二女,也是李蕙仙的第三个孩子，更是继梁思顺这位大宝贝之后的小宝贝，受到梁家上下的宠爱。

此时的双涛园，有一岁的梁思庄、两岁的梁思忠、五岁的梁思永、八岁的梁思成、十六岁的梁思顺及数位亲戚家的孩子。这群孩子让双涛园热闹非常。梁启超便称他们为"双涛园群童"。

双涛园群童（1908年）

由于生活环境所限，双涛园群童皆从小穿和服、着木屐，也都会说日语和中文。稍大一些的孩子，便到华侨办的同文学校学习。同文学校位于神户市内，从须磨到神户，需乘坐一辆小火车。天长日久，竟发生了火车等人的事情。

原来，双涛园群童每日带着饭团，都要准时去赶火车的。谁知，梁思成有个习惯，走到半路时，一定要去路旁方便，如厕之后才能继续赶路。不管大孩子们怎么着急，梁思成每天都如此，渐渐形成了条件反射。有时候，快赶不上火车时，他也着急，只得大叫："等等我！等等我呀！"后来，他们便被小火车站的路警记住了。有时候，这群孩子迟到了，好心的路警就稍微等一等,待他们到齐后,才吹哨放行。

总之,双涛园群童是一众活泼但有教养的孩子。他们的聪明懂事,不只来自华侨学校的教育,更离不开梁启超夫妇的言传身教。

第三节　稚子牵衣问归来

梁启超夫妇是一对大忙人。梁启超每日笔耕不辍，还要宣传维新理念，忙得不亦乐乎。而李蕙仙主持家政，孝养长辈，还要协调人际关系，也是忙得无冬无夏。但是，他们二人对于孩子们的教育，却绝对不会全然罢手。

一、夫妇教子

梁启超不但要处理宣传、写作等工作，还要处理自己的政治事业，要应对光绪帝和慈禧太后驾崩后的新局势与新变化，与孩子们在一起的时间很少。但是，只要有一丝一毫的空闲，能够陪伴子女，他必定是口若悬河，将天南地北、海阔天空的事情，逐一讲给孩子们听。这一点，仿佛已经成了梁氏一门的传统。梁维清如是对待儿孙，梁启超也如是对待儿女。

尤其是在晚饭后，尤其是讲爱国英雄的故事，尤其是讲南宋亡国的逸事，梁启超更是滔滔不绝。梁家的日常是这样的，每当饭后，众人团团围坐时，梁启超就一边喝酒一边开讲历代英杰的传奇。他常讲的故事是，陆秀夫忠于大宋，保护幼主，奋战元兵，最后被逼到广州，走投无路之下，就在梁氏老家新会县沿海的悬崖上，先推妻子入海，复背着皇帝投海就义。

梁启超讲的故事，梁家的老人听着并不新鲜，因为早在二十多年前，梁维清就已经动情地反复地讲了这些故事。但是，梁启超游历四海，见识广博，他的讲解，比之梁维清，另有一番气象。于是，这些历史英雄的事迹，深深印入梁家晚辈的脑海里，并体现在了他们的言行中。

夫唱妇随，李蕙仙对于子女的教育，也丝毫不曾懈怠。她没有梁启超那样好的口才，于是，她更加注重身教。

双涛园附近不仅有松林，而且有成片的樱花树，每到花开时节，便是千枝万朵，如霰如云。李蕙仙在被梁启超动员放足前，仍然是小脚。但是，她却不顾行动不便，非常乐意带着孩子们玩儿，陪着大家伙儿一起爬小山，一同看樱花。

在上山时，李蕙仙并不因为双足的原因而落后于孩子们，反而坚持跟上子女们的脚步。一次，她的裙子与绣花鞋被树枝挂破了。对于接受传统教育的大家闺秀而言，这可是不大体面的事情。但是，李蕙仙毫不在乎，继续跟着大家上山，一点儿也不娇气。

等到下山时，李蕙仙就更艰难了。时人皆知，小脚是由缠足造成的。缠足的方法非常痛苦，是在女童四五岁时，将脚趾内弯裹入足底，还要用布条在脚心勒出深深的痕迹，最终达到所谓的"三寸金莲"的畸形效果。用这样的脚下山，其困难是可想而知的。然而，李蕙仙从来不用小孩扶，总是慢慢地向下走。光绪三十四年（1908），李蕙仙与梁思顺、梁思成、梁思永留下了一张在山上游玩的照片。照片中的她，虽然在和孩子们小憩，面目上却尽是坚毅之色。

李蕙仙与孩子们上山游玩

她这种倔强的性格，也深深影响了孩子们。于是，梁家子女，打小就不相信眼泪。特别是男孩子们，总认为哭是最没出息的事情。因而，一遇到困难和危险，他们都爱大声喊叫，为自己加油鼓劲。

有梁启超和李蕙仙这样的父母，梁家儿女自是聪明伶俐、乖巧懂事，就连刚满周岁的梁思庄，都是"蕙质已与常儿殊"。在梁家小辈里，最先崭露头角的，是梁启超的长女梁思顺。

二、慈父教女

梁思顺不单是双涛园群童的"领班"，更是父亲的大宝贝。她刚十五岁时，就成了梁启超的私人秘书兼日语翻译。她在父亲的指导之下，每天练习写字，读诗诵词，并肩负起长姐的责任，日日带领弟妹们读书玩耍。梁思顺虽然还是个孩子，但是颇具组织才能，而且她处事公正，很得众人敬服，在弟妹中初步树立了自己的权威。有她的帮忙，梁家长辈的育儿压力，也大大减轻了。

这样知书达理的女儿，梁启超自然是疼到了心坎里。他心疼女儿的主要方式，就是教育。也许有人会质疑与迷惑，因为梁思顺的弟弟们皆日日去上学，而她却未能进入学校读书。但实际上，梁启超为长女的学业倾注了大量的心血。

梁启超主张男女平等，当然不会在教育上重男轻女。他之所以没让自己的大宝贝上学，大概有以下几方面原因：

一是梁启超讲究务实，在他看来，只要求得真学问，则无须在乎什么名义、头衔、学校、学位等事。

二是梁启超本人是读私塾出身，这样的经历让他更看中"家教"的作用。

三是附近没有适合华侨子弟的正规中学，以梁思顺的年纪和知识水平，自然不适合跟弟弟们一起念书学习。

四是梁启超案牍劳形，他非常需要工作秘书，便有意无意地把长女当作可靠的秘书来培养。事实上，梁思顺从少年时开始，便为父亲阅读报纸，收集资料，进行翻译，早已成为梁启超的得力助手。

五是梁启超为女儿请了家教。梁思顺的家教可不一般。除去教数理化的老师，她还接受了康有为的教导，并得到父亲的老师批改作业的待遇。

当然，梁启超教女，主要依靠的还是自己。据说，他于双涛园中专门设了实验室。此外，他还亲自把握女儿的学习进度。而这些时间，都是他争分夺秒挤出来的。

宣统二年（1910）一开春，梁启超就忙碌异常。先是正月里，《国风报》出版。该报每十日出版一次，内容分谕旨、论说、时评、著译等十四个门类。出版之初，梁启超还撰写《叙例》一篇，《说国风》上、中、下三篇。刚进入二月，梁启超又为偿还正金银行的借款事宜着急，并两次致书徐佛苏，请对方代筹千金。他每日作文五千言左右，却并不以为苦，晚睡早起，却并不以为累，还要临帖一点钟，读佛经一点钟，读日文书一点半钟……通宵不睡是常有的事。但是，就在这两个月里，他为长女"讲书"、批改"日记"、修改"作文"有17次之多。

例如，正月初五，梁启超于午后为梁思顺等孩子们讲《说文解字·叙》；正月二十，他彻夜修改孩子写的《隗嚣、窦建德合论》，并批点日记，直到凌晨六点才就寝；二月二十日，他又为梁思顺等人修改文章，直至凌晨五点半。总之，梁启超以自己的治学心得，以自己的勤勉刻苦，勉励、影响着梁家的下一代，让梁思顺等人能够持之以恒并专心致志地学习。

不仅如此，梁启超还用其他方式来鼓励女儿。同年正月二十八日，恰逢梁思顺的生日，梁启超便为大女儿写了首长诗，其中亦多记叙大女儿的学业。在"论史幕膺溽，读左友覆盖"两句旁边，梁启超还加了注释："令娴方初读《左氏传》《后汉书》将卒业。"只此一句，就可见父亲对女儿的上心。而在诗歌的结尾，梁启超对女儿的期望就更明显了："勉矣锲不舍，希圣究始卒。葆此雏凤声，毋为江北橘。"

当然，梁启超并非一味地督促孩子们学习。他这样一位风趣、有人情味的父亲，非常支持李蕙仙、王桂荃带着儿女们进行一切探索、玩耍，也会跟孩子们开玩笑。

三、娘亲护女

梁家的小一辈各有特点。梁思成虽是男孩,但生得白净秀气;而梁思庄这个宝贝小女儿,却有些黑瘦,有点不大符合时人的审美标准。故而,梁启超开玩笑说:"庄庄和思成的皮肤换一下就好了。"这个玩笑一直开到了十七年后,当梁启超给国外的孩子们写信时,还在问:"庄庄真是白了许多吗?"想来,那时的梁思庄是不会介意的。

此时的梁思庄,虽然年纪不大,但是很爱美,不愿意别人说她黑。可跟她开玩笑的人,偏偏是自己的父亲,真是回不得嘴。就在这时,王桂荃开口道:"皮肤虽黑点,但长得乖巧,我喜欢。"然后,梁思庄一下子扑进了王桂荃的怀里,并且亲昵地叫她"娘"。

众所周知,梁启超的原配夫人是李蕙仙,李夫人也是梁思顺、梁思成、梁思庄的生母。而王桂荃是梁启超的第二位夫人,是梁思永、梁思忠的生母。在清末那个士大夫三妻四妾的年月里,梁家这样的情况实在平常。为了加以区分,梁家的小辈们称呼李蕙仙为"妈妈",称呼王桂荃为"娘"。在孩子们心中,"妈妈"是可敬的,"娘"是可亲的。

每天做完家务后,王桂荃总是陪着孩子们做作业。当儿女们读书、写字时,她也跟着读,跟着看。就这样,她学会了读书看报,还会记账,写简单的信。与孩子们共同进步的她,也与儿女们越来越有共同语言,也越来越受到儿女们的信赖,尤其受到梁思庄的依赖。

梁思庄自幼胆小,总爱待在大人身边。她走路时,一定要揪着王桂荃的衣角;洗澡时,她也必定要娘给她洗,否则,就宁可脏着。这样一个小女儿，让王桂荃是又怜又爱。她天天看护着梁家的思庄小宝贝洗澡。

日本的澡盆与中国的不同，是木制的大木桶，很深。而且，日式洗澡是一家人用一盆水，到最后才放水。有些中国人可能不理解，其实，情况是这样的：日本人洗澡不仅清洗身子，而且习惯在澡盆中泡澡。在洗澡之前，要先于澡盆外清洗身体，冲去污垢。而澡盆中的水可以加热，水少了可兑上凉水再加温。几个人按顺序用同一个澡盆的水，最后洗的人洗完后，才将澡盆的水放掉。可想而知，能让大人用的澡盆，对于孩子来说该有多大。

一次，王桂荃给梁思庄洗澡。突然，小宝贝不见了。原来，梁思庄太瘦小了，王桂荃一不小心没抓住，孩子就沉下去了。王桂荃大惊失色，立刻放水，一下把梁思庄拽了出来。据后人说，当时王桂荃紧张得紧紧抓着小宝贝不放。总之，梁思庄平安无事，王桂荃却吓了一跳。当然，一盆干净水也放光了。

水可以放光流净，人的感情却是越放越深，越流露越深厚。王桂荃将李夫人的孩子们视若亲生，梁思成等人自然也爱同她亲近。此中缘由，也与李夫人有关。

四、梁思成挨打

李蕙仙出身名门，很有大家夫人的气派。她思想比较传统，对佣人管束很严厉。她的言行，被儿子梁思成形容为"苛刻"。但在清末，李蕙仙这样的治家方式，却是普遍而行之有效的。

与李夫人不同，王桂荃的思想则相对开放。她在教育子女时，要求他们不摆少爷、小姐的架子，要平等对待仆人。每当李夫人惩罚仆人时，她也是小心翼翼地周旋。当实在难有回旋余地时，她便悄悄告诉梁启超，让丈夫出面说情。

王夫人对李夫人处处委曲求全，有时候甚至忍辱负重，为的是让梁启超专心工作，让家庭和睦安乐。这并不意味着她对李夫人不尽心，相反，她对李夫人和丈夫的照顾是无微不至的，对孩子们就更是体贴入微、多方维护了。

一次，梁思成的考试成绩退步了，落在弟弟梁思永的后面。消息传回，李蕙仙十分生气。再加上年幼的梁思成素来淘气，李夫人是怒上加怒。她气极之时，便拿起鸡毛掸子，捆上铁丝，就要抽打儿子。

王桂荃也被吓到了。她不假思索，一把搂住梁思成，直接用身子护住孩子。结果，李蕙仙正在气头上，一时半会儿收不住，就一下一下抽在王桂荃身上。此情此景，让小小的梁思成也吓坏了。他抱着王桂荃，大哭不止。

事后，王桂荃搂着梁思成，温和地说："成龙上天，成蛇钻草，你看哪样好？"看着乖巧听话的梁思成，王夫人又接着道："不怕笨，就怕懒。人家学一遍，我学十遍。马马虎虎不刻苦读书，将来一事无成。"随即，王夫人又就近取譬："看你爹爹多有学问，还不停地读书……"

再后来，梁思成长大了，却依然对这件事印象深刻，他回忆说："她这些朴素的语言我记了一辈子。从那以后我再也不敢马马虎虎了。"

不论是哭也好，还是闹也罢，总之，梁家的日子就在打打闹闹、快快乐乐中飞逝而过。而与梁家相对平静的局面不同，大清朝那边，却是要变天了。

第四节　相见时难别亦难

宣统三年（1911）是农历辛亥年。了解中国近代史的人都知道，这一年，清政府的统治被推翻了；这一年，绵延两千多年的封建帝制结束了；这一年，民主共和的新纪元被开创了。而这一切，全部都是辛亥革命的丰功伟绩。

在旁人看来，梁启超作为保皇派，似乎与辛亥革命不大相关。但是，大学问家胡适却揭示了梁启超与这场革命的关系："梁任公为吾国革命第一大功臣，其功在革新吾国之思想界。十五年来，吾国人士所以稍知民族思想主义及世界大势者，皆梁氏之赐，此百喙所不能诬也。去年武汉革命，所以能一举而全国响应者，民族思想、政治思想入人心已深，故势如破竹耳！使无梁氏之笔，虽有百十孙中山、黄克强，岂能如此之速耶？近人诗'文字收功日，全球革命时'，此二语惟梁氏可以当之无愧。"

其实，对于梁启超而言，风云激荡的辛亥年，也不过是人生岁月中短短一段而已。将届不惑之年的他,在年初关注的是台湾之行。

一、结束流亡

辛亥年的二月,梁启超携梁思顺出游台湾。

二月二十五日,梁氏父女乘坐的"笠户丸号"恰好泊于马关。船未停靠,梁思顺便发现父亲悒悒不乐。原来,十多年前,也就是梁思顺三岁那年,清朝名臣李鸿章与日本首相伊藤博文就是在此地的"春帆楼"签订了《马关条约》。这件令国人痛心疾首的惨痛往事,也让梁启超百感交集,他当场赋诗一首:

明知此是伤心地,

亦到维舟首重回。

十七年中多少事,

春帆楼下晚涛哀。

梁思顺非常理解父亲的心情,她默默不语地陪在父亲身边。之后,梁启超辗转来到台北,当他看到城墙被日本人拆毁殆尽时,再次伤心不已,作诗道:

清角吹寒日又昏,

井干烽橹了无痕。

客情冷似秦时月,

遥夜还临景福门。

景福门便是台北府的城东门。当年,日军攻陷台湾,成立"台湾总督府",景福门便是总督府的外阙。这样的往事,怎能不令梁启超触景伤情？懂事的梁思顺，也只得沉默地伴在父亲旁边。因为她知道，令父亲难过的，不仅仅是历史。

其实，梁启超此行，除去考察的因素外，为报馆筹款是更大的目的。但是，他在款项方面是一无所获，只得返回了日本。

农历辛亥年的八月十九日，武昌起义爆发，成为辛亥革命的开端。梁启超作为时代的弄潮儿，于同年九月抵达奉天。他接连给长女梁思顺写信，详细讲述了奉天的情形，复又返回日本。就在梁启超的辗转奔波中，就在风云变幻间，改朝换代已成定局。

1912年，梁启超四十岁了。是年2月12日，清帝宣布退位。之后，袁世凯担任了临时大总统。梁启超的同志们又纷纷力主他回国。在纷扰动荡中，梁启超再次得到了天赐的宝贝：这一年9月，他的第四个儿子梁思达出生了。

但是，起伏不定的局势，令梁启超不能好好看看自己的新生子。他告别了梁思达及其生母王桂荃，登上了归国的客轮。这一次的回归，他是喜悦的，因为这意味着他结束了十四年的流亡生活，可以堂堂正正地踏上故土了。

二、梁氏归国

摆脱了清廷"通缉犯"的身份，满怀建设共和的希望，梁启超归国的喜悦溢于言表。他还在船上时，就接连给长女写了两封信，细说舟中生活。同时，目的地未到，他就已经开始挂念自己的家人了。

梁启超告诉梁思顺，天气渐冷，爷爷的寒衣要早些准备；如果睡席恐冷，可劝说他支一张床。梁启超还说，他到天津后，恐怕会非常忙，不能多写信，请梁思顺转告爷爷，不要挂念。他还告知女儿，可把自己的琐事转述给家里人，莫要让家人担心。总之，琐琐絮语，满满是情。

在稍稍安顿下来后，梁启超一面进行演说等事宜，一面去逛琉璃厂，为梁思顺买了《东坡集》《韩柳合集》等书，为梁思成买了套影印宋本的"四书"，还为其他孩子和诸亲友购买了文玩。另外，他还周全地考虑到了家人归国的各项事宜。比如，若梁宝瑛想要回广州，他会再寄去千金，而家事也需要梁宝瑛再整顿一番；若李蕙仙想要跟来，则不大合适，因为他行踪无定；还有，家中壮士和仆役有二十多人，应该稍稍裁员淘汰一些。总之，在奔波劳碌中，梁启超始终把家人放在心上。

一转眼，就是1913年。当梁启超稍微安定时，就安排家人回国。于是，在王桂荃的护持下，双涛园群童也归国了，梁家满门终于再次团聚。而梁启超也进入民国政府工作，担任了司法总长。他的新闻，很快传遍了华人世界。

据说，何蕙珍女士听到消息后，从檀香山赶来北京，依然欲结秦晋之好。谁知，梁启超像对待普通客人那样，只在总长客厅招待了她。何女士饱受"求不得"之苦，最终黯然离去。

梁启超对自己的感情如此负责，对子女的感情就更慎重了。不久，他就因双喜临门而开怀不已。

三、为女择婿

1914年的春天，王桂荃怀孕了，梁启超又要有新宝贝了。与此同时,他也为大宝贝觅得一位乘龙快婿,期待着梁家新成员的加入。

一天,梁启超为梁思顺介绍了一位青年才俊,希望二人多加交往。这位年轻人就是周希哲,又名周国贤。他是梁启超的得意弟子,也是马来西亚的华侨。周希哲年轻时,曾在海轮上做小职员。他追求进步,拥护维新变法,积极学习先进文化。于是,他被维新派送去日本,又到美国哥伦比亚大学读书,最终获得国际法的博士学位。

对于女儿的婚恋问题,梁启超觉得自己的方法好极了:"由我留心观察看定一个人,给你们介绍,最后的决定在你们自己,我想这真是理想的婚姻制度。"这样做的父母固然很有责任心,却也是耗心耗力。所以,梁启超又说:"我希望普天下的婚姻都像我们家孩子一样,唉,但也太费心力了。"

就在梁启超为长女的婚事操心的同时,12月13日王桂荃生产了。她生下了梁启超的第三个女儿梁思懿。这个生于北京的女孩儿,被家人亲昵地称为"司马懿"。

伴随着小"司马懿"的飞速成长,梁思顺与周希哲的感情也水到渠成。1915年,梁、周正式成婚。由于梁思顺是周希哲恩师的大宝贝,所以,周希哲是入赘女婿,要住在女方家中。据后人听梁思顺说:"当年结婚时,周希哲还是坐着花轿来到梁家的。"这场婚礼,距今已过去百年。详细的情况,几乎无人能说明白了。但是,后人皆知,这是一桩美满的婚姻。

周希哲是外交官,梁思顺便是外交官夫人。她跟随丈夫赴海外生活多年,在传统学问的基础上,又学习了英文,接受了现代西方文明,风度是越发高雅。有人说，判断一位女子的生活是否幸福，从她的婚姻就能看出来。而梁启超对于女儿的婚姻，是非常满意的。在梁、周结婚八年后，梁启超给女儿写信说："我对于你们的婚姻，得意得了不得……好孩子，你想希哲如何，老夫眼力不错罢。"

在梁启超眼中，长女的婚姻是他的第一次成功，而他第二次的成功，则是长子的婚姻。这是后话了。眼下的梁启超，忙完大宝贝的婚事，又要操心父亲的寿宴了。

四、为父祝寿

1915年的农历三月十八日，是梁宝瑛六十六岁的生辰。想当年，戊戌变法后，梁氏背井离乡，是何等狼狈；看如今，改朝换代后，梁氏荣归故里，自有一番风光。因而，梁宝瑛的寿宴，即便梁启超不愿大操大办，恐怕也情势不由人了，更别说梁启超素来孝顺。

于是，梁启超的父老乡亲们就看到这样一幕：在茶坑村赵姓统领的安排下，大队兵马护送梁启超回乡。军人们衣装鲜亮、武器鲜明，严密地保护在梁启超周围。一时间，很多上了年纪的乡民感慨万分，想那十七年前，也是大队军士入村。只不过，那时的兵勇还穿着旧时的军服，带着长弓和鸟枪。他们一开进茶坑村，就直奔梁家而去。梁氏及邻近十多里地的男人，皆是闻风走避，哪敢像如今这样围观。而清兵入村后，做的事情是劫掠少女，抓捕妇女，并封闭梁氏祠堂，捣毁祖先牌位，哪像如今的护军这样纪律严明。

就在大伙儿议论纷纷时，梁启超从容地走进老宅。很快，梁家便是宾客络绎不绝,贺仪堆积如山。附近河面上停泊的官绅船只密密麻麻,遮掩了水面。四面八方的乡邻,更是纷纷登门贺喜。此时的梁宝瑛,先是十六日在家接受了大家的庆贺;到了正日子,便开筵广受四方之贺。

梁家与梁启超商议过后,本计划一切从简,没想到群情所趋,无法就简。但是,寿宴的隆重依然超出了梁家的预计。就在十八日这一天,为梁宝瑛一人之生日,竟然有剧目演出。而据梁启超估计,这大概要联合全城的官、绅、商的力量,才能在数日之间布置妥当。集聚如此多力量的寿宴,普通的地方是无法承载的。最终,梁宝瑛的寿席开在了八旗会馆——一处比湖广馆更加敞亮的地方,一处择优悬挂去岁屏联的地方,一处令"此间人莫不咋舌叹美"的地方。但是,这些都还不是众人最羡慕梁家的地方。

更令众人羡慕的是,就连当时的达官贵人,也给梁家送来礼物:段祺瑞亲笔题写"圭峰比秀"四字匾额相赠;逊帝溥仪亲自书写了一个"福"字。但是,唯独大总统袁世凯没有任何表示。不过,据说,他也送了份大礼——行刺!

梁启超在此次为父祝寿的过程中,接连遭遇几次暗杀,情形十分危险。他在二十八日写给长女的信中,简单谈到了这些危机。其实,他的遭遇,早有预兆。

五、再别家人

在梁启超返乡探父的两个月前,袁世凯就在酝酿"称帝"事宜。而梁启超因为早悉此事,又为国运担忧,便在返回广州前,给袁氏写了一封长信,劝他悬崖勒马:"立国于今世,自有今世所以生存之道,逆世界潮流以自封,其究必归于淘汰。"

谁知,不过数月,情势便急转直下。杨度、严复等人为进行帝制运动,发起了筹安会。而舆论界因被袁氏控制,已是噤若寒蝉。但是,梁启超坚决反对帝制,挥毫写下《异哉所谓国体问题者》。于是,危险便步步逼近。

谁知,福无双至,祸不单行。当梁启超和以前的学生蔡锷将军计划"讨袁"时,他先是患了赤痢,病得很厉害,之后,又为蔡锷保存电报密码本,并筹谋安排蔡锷离京避难。就在他劳心劳力、殚精竭虑的同时,梁家人却不能给他百分百的关照,因为,此时还有更加需要照顾的人,就是他的妻子李蕙仙。

这年冬天,李蕙仙罹患乳腺癌。这在当时是一种死亡率非常高的疾病。但是,梁启超没有精力来照顾妻子。

先是11月,梁启超接待了摆脱暗探监视、离京赴津的蔡锷。

紧接着12月2日夜,梁启超精心安排,让蔡锷改穿和服,变换姓名,于次日一早东渡横滨。在分别时,梁启超斩钉截铁地对蔡将军说:"事之不济,吾侪死之,决不亡命。若其济也,吾侪引退,决不在朝。"可见,梁启超像曾经的同志谭嗣同一样,早有赴死的准备。之后,蔡锷经台湾、香港和越南,预计于当月19日抵达云南昆明。

蔡锷走后五天,也就是12月9日,梁启超也以赴美就医为名,离开天津。他准备取道大连,南下上海,具体筹划和指挥云南起义。此次武装起义,他们唯一可凭借的,是蔡锷在滇的旧部,而袁世凯却是一国总统,手握重兵。实力之悬殊，几近天壤之别。故此，梁启超深知虫臂拒辙、凶多吉少。他虽将生死置之度外，但对一家老小仍是放心不下。

临行前，梁启超与李蕙仙作别。他了解妻子是女中丈夫，故而道出实情。意料中的是，李蕙仙平静地说："我早已看出来了，因为您不讲，所以我不问。"之后，李蕙仙面露微笑，坚强地说："上自高堂，下至儿女，我一身任之。君为国死，毋反顾也。"听着这话，梁启超的眼眶湿润了。

随后，梁启超转身，李蕙仙便为他送行。作为风云人物的妻子，李蕙仙虽早已经过戊戌变法的历练，但是她依然无法忍受别离的痛苦。可大家出身的她，断不会如寻常女子那样，用哭哭啼啼的方式来挽留夫君，只是镇定地跟在丈夫身旁。在这之前，梁启超每次出门，她都是不送的。这次，她却送至大门口，满眼含着不舍、担忧、伤心甚至绝望。

眼见妻子如此，梁启超不忍再看。他别过家人，头也不回地离去了。

六、病女病妻

"人生本坦荡，谁使妄悾偬。"梁启超告别家人后，于12月18日到达上海。这边的危险，又胜过天津。故而，他一步不出，一杂客不见。谁知，他找不到得用的人，又被强逼三次搬迁，事情进行得并不顺利。于是，梁启超不得不写信给女儿梁思顺，告知他"无人照料，深觉不便"的情形。

可是，梁启超毕竟是梁启超，他虽然不下楼见客，所见之人也仅限十人以内，但是对于外间的消息还是十分灵通。这意味着，他要处理的信函会更多，而他的生活也更加需要人照料。于是，他又给女儿写信，说："王姨非来不可。"

怎奈，王桂荃此时也是分身乏术，不仅要服侍夫人李蕙仙，而且要照顾生病的梁思庄。这样的情况，梁启超也了解。故此，他在信中，先是询问了思庄的病情，要求长女在来信中，务必讲述思庄的病情。之后，他又建议女儿，要好好劝劝李蕙仙。因为得了乳腺癌的患者，常常需要割掉乳房来保存生命。但是，对于完美型人格的女子来说，几乎是无法忍受身体的残缺的，更别说深受《孝经》熏陶，讲究"身体发肤，受之父母，不敢毁伤"的传统女性了。对于李蕙仙之病，梁启超十分难过。然而，正在处理性命攸关之事的他，是无法好好照料并劝慰妻子的。他把这事托给长女。在家书的字里行间，透露出的是老夫老妻之间的深深关切。

正因为家人间的彼此理解，正因为梁家人对梁启超的支持，王桂荃还是尽早动身，来到了梁启超身边。1916年1月2日早晨，王桂荃平安抵达上海。她来得正是时候。因为就在前一天，梁启超已谢绝了邻居的送饭者。王桂荃倘或不到，他定然是要挨饿的。同时，梁启超的眼睛已经不舒服很久了，亟待亲人照料。

随后，梁启超给梁思顺写信，并要求她寄给弟弟们看。原来，梁启超在信中说："处忧患最是人生幸事。"他还略微检讨了自己，因为前两年境遇安适，而在不知不觉间德业日退。他以自己的经历来激励子女，要把现在的困难与忧患，视为"玉成"之事。

当然，梁启超能安心给女儿写信，也是因为看到王桂荃，稍微放松了下来。之后，梁启超得到了悉心照料。他的饮食起居，皆由王桂荃一人料理。于是，他能早睡早起，眼病也渐渐痊愈。

夫妻同时生病，也令梁启超更加挂念妻子。他在信中追问女儿：你母亲近来出院了吗？你母亲恢复元气了吗？你母亲发现其他病症了吗？总之，关爱、眷恋之情，充塞于字里行间。

就在梁启超和夫人身体好转时，局势正发生着剧烈变动，且愈加凶险。

七、舍死护国

1915年12月25日，蔡锷等人在昆明宣布云南独立。次日，梁启超讨伐袁世凯的檄文和电报，就在京、津、沪的中英文报纸上同步刊出。

1916年1月27日，贵州宣布独立。袁世凯调兵镇压，蔡锷领导的护国军陷入困境。

同年2月，蔡锷以不足五千人的饥疲之众，遭遇十多万武器精良、粮食充裕的北洋精锐部队，被困泸州。但是，他在每天休息不超过三小时，"一半米一半沙"硬吞的情况下，率领军队顽强坚持。

与此同时，梁启超为躲避袁世凯的眼线，隐居静安寺，一边写文章批判袁世凯，一边多方联络，策动反袁。他每日仅靠两餐饭充饥，茶水也珍贵到了"视若甘露"的地步。

到了3月，为了劝广西方面独立，梁启超避开袁世凯密探，登上了日本邮船，前往香港。在船上，梁启超躲在最底层靠近锅炉的小房间里，在警惕中忍受闷热的煎熬。只有在深夜，其他人都休息了，他才能悄悄爬上甲板，呼吸一下新鲜空气。但这还不是最难熬的时光。

在梁启超离开上海的同时，袁世凯通电两广，要求扣留梁启超。香港警吏的搜查也十分严密，这令梁启超焦急万分。在友人劝阻下，他打消了偷渡的念头，取道越南。谁知，四十四岁的他在蛰居越南时染上了当地的一种热病，于"灯火尽熄，茶水俱绝"的情况下"殆惟求死"，甚至都没有工夫思念家人了。幸而他得到草药救治，保住了性命。

当月，"护国"形势也得到了好转。在广西独立后，蔡锷的军队士气高涨。朱德率领的一支人马，甚至挺进到了距泸州几公里的地方。这使袁世凯进攻云南、贵州的计划完全破灭。随后，袁世凯众叛亲离，被迫于3月22日取消帝制，并于次日恢复中华民国5年纪元。这场持续八十三天的称帝闹剧，终于落幕了。

但是，逆流仍未结束。

四月，广东省秉承袁世凯旨意宣布独立，并邀请梁启超等人派代表前去谈判，以便缓和各军进攻。就在会谈过程中，护国军的代表们被枪杀，史称"珠海惨案"。此事令梁启超无比愤怒，也无比痛心。他给梁思顺写信，告知女儿，自己听闻凶报时是"肝肠寸断"。

此时的梁启超，一点儿也没想到，更令他肝肠寸断的事情已经发生了。

八、丧父

梁启超为维护共和国体，先是展开拉锯谈判，接着又赴"鸿门恶会"，并幸运生还，还策划成立了护国军军务院。到五月间，形势终于可以逼袁退位了。可是，当梁启超抵达上海时，便得到噩耗：父亲梁宝瑛已于3月14日病逝。接到报丧消息的一瞬间，梁启超昏迷了！

丧父之痛，凄入肝脾。但是，梁启超却无法责怪任何人。当他"最爱之老父"病殁于香港时，朋友认为他在军中责任重大，故而匿丧不报，这是为他好；当他返回上海时，兄弟和女儿从天津赶来接他，怕他身心俱疲，承受不住，住定了两日，才告知丧事，这也是为他好。结果，梁启超自觉"魂魄都失掉了，还能管什么国家大事"。想当初，生母赵夫人去世时，他就不在身边，而今，他连父亲的最后一面也没见着。故此，他对自己十分责备，觉得自己的南行，不仅于国无益，而且不能尽人子之责，他的罪过是"永劫莫赎"。

于是，梁启超怀着对父亲的愧疚之情，立即给军务院和各都督、总司令发电报，请求辞去自己所兼的各种职务，并在上海为父居丧。

经历了丧父之痛，梁启超对家人更为挂念。他给两个儿子梁思成、梁思永写信，首先关心的，便是妻子李蕙仙归宁贵州的事情。他告诉孩子们，四川局势已定，李蕙仙可由重庆返黔。此外，他还担心儿子们的学业，让他们禀报进度。

其实，优秀的梁家儿女，并不让梁启超太过担心。这段时间，让梁启超更为担心的，是他的弟子蔡锷将军。

在护国战争中，蔡锷可谓功不可没。但因戎马倥偬，蔡锷在胜利后，便旧疾复发，饮食难进，只得向梁启超"请乞假数月"。

也许是因为失去了弟子的有力支持，也许是处于长期心力交瘁后的疲劳期，也许是守丧影响了梁启超的判断力，在复杂的政治格局中，梁启超错认了段祺瑞。最终，军务院被撤销，护国运动的胜利果实实际上被段祺瑞窃取。故此，有人说，梁启超领导推翻了一个专制的实践者，又将政权还给了另一个专制的代表。

但是,此刻的梁启超,比对政权更上心的,还是自己的弟子蔡锷。

九、失徒

1916年7月19日,在军务院被撤三日后,蔡锷得到北京政府准假,开始就近调养。无奈,他的病情加重,国内无法医治。万般无奈之下,蔡锷东渡日本,开始治疗喉癌。

在这种情况下,梁启超除去向政府为弟子请假外,便开始整理护国战争的资料。不论是起草的电文,还是发布的宣言,或是一些回忆录,他都认真汇录,最终集为《盾鼻集》,并请蔡锷作序,共同分享护国战争的喜悦。

同年10月30日,梁启超的小女儿梁思宁在上海出生,其相貌酷似生母王桂荃。谁知,梁启超还未来得及告知这一喜讯,11月8日,蔡锷将军因医治无效,在日本九州福冈医科大学医学院与世长辞。当时,距离他三十四岁生日尚有四十天。

消息传回国内,梁启超伤心万分,久久无言。这是他最器重的弟子啊,居然走在了他的前面。伤痛稍缓,梁启超即率领弟弟梁启勋、女儿梁思顺、儿子梁思成等人私祭蔡锷,并写下挽联:

知所恶有甚于死者;

非夫人之恸而谁为。

旁观众人,皆眼含热泪。大家都知道,"非夫人之恸"语句出自《论语》,讲的是这样一个故事:颜渊死后,孔子哭得极其悲痛。跟随孔子的人说:"您悲伤得过度了呀!"孔子说:"是悲伤过度了吗?我不为这个人悲伤过度,又为谁呢?"因为在孔子眼里,颜渊是继承他道统的最佳人选。如今,梁启超用这个典故来作挽联,足见他的哀伤。

年底,当蔡锷的灵柩从日本运回上海后,梁启超又参加了上海蔡公治丧事务所举行的公祭。他在公祭会上致悼词时,克制不住,泣不成声。为了缅怀自己的弟子,并照顾其年幼的子女,梁启超发起创立了松坡图书馆和蔡公遗孤教养协会。不仅如此,他还请人绘制了蔡锷的戎装像,以便时时能看到最心爱的弟子。没料想,余悲未尽,激愤又生。

第四章
怜子如何不丈夫

　　1917年，风云突变，国事蜩螗。对外，美国对德宣战，中国陷入参战与否的旋涡；对内，段祺瑞与黎元洪争权夺利，"府院之争"已经陷入白热化。就在八方风雨中，梁家却并未受时局影响，依然过着相对平静的日子。

第一节　遥怜小儿女

也许是经历了太多的大风大浪，也许是因身患重疾而更加珍惜生命的每一天，李蕙仙不论丈夫在外如何叱咤风云，她总能让梁启超回归时，看到一个平和的家庭。

一、温馨的就餐

从日本归来后，李蕙仙长期住在天津。除去曾经带去日本的亲戚，她又帮着抚养了很多梁家与李家的孩子。

梁启超的小弟弟梁启雄和三妹妹都是由李蕙仙接济上学，并长年住在梁启超家。而李蕙仙的侄女李福曼自十一岁时，也到了梁家。李福曼就读于天津中西女中八年，又读燕京大学四年，其学费全部由梁启超夫妻资助。后来，梁启雄成为著名哲学家，对荀子有着精深的研究；而李福曼则嫁给了梁思永，正式成为梁家的一员。这都是后话了。眼下的李福曼和梁思永还是"两小无嫌猜"的年纪,而梁启雄也只是个半大不小的少年郎。

出人意料的是,李蕙仙特别喜欢的孩子是梁启超的三子,即王桂荃所生的儿子梁思忠。梁思忠自幼便很活泼,很得李蕙仙喜爱。李夫人每天都会写一篇小楷。她写完后,就同梁思忠下棋、聊天。但这样的聊天,只能算是"小聊",梁家的"大聊",是在餐桌上进行的。

梁启超的家庭就餐,是非常有意思的。除去几个较小的孩子不上桌,几乎每天都有一大桌子的人吃饭。其中的多数,都是亲戚寄养过来的孩子。每到饭点,梁启超便于中间就座,必定等人到齐,由他拿起筷子,梁家才全家开吃。

梁家的集体用餐,也是非常自由的。梁启超在饭桌上天南海北地无话不谈,其他人却可听可不听,谁先吃完谁可先走。有时候,梁启超和李蕙仙吃得慢,到最后饭桌上只剩了他俩,他们也毫不在意,依旧兴致勃勃地聊天。而已经吃完离开桌子的人,如果还想吃,过一会儿再回桌旁,也不会受到任何干涉。

就这样,梁家人都把吃饭时间看作是每天团聚的好时光,看作是交流感情的好时候,看作是向梁启超学习的好时机。大家既可饱餐一顿,又能聆听"免费讲座",获得精神食粮,都非常珍惜就餐的时间。故此,每到饭点,大家就无拘无束地围坐一起,个个都十分高兴。

这一切,固然离不开梁启超的魅力吸引,更离不开李蕙仙的精心操持。

二、爱猫者协会

李蕙仙生活有规律且勤奋好学。1917年是她罹患乳腺癌的第三年。但是，年近半百的她，依然不放松学习。她让孩子们教自己英文，并且毫不懈怠。

每天一早，李蕙仙会在自己的屋里用早餐。她通常会吃四小块面包，去掉周围的皮，然后再喝杯牛奶。之后，她稍事休息，便开始念英文。她非常认真，常常高声朗读中西女中的英文课本。虽然她的发音带些贵州土语的味道，但是还能让人听得出是英文，也能让人听得懂是什么内容。有时候，她的女儿梁思庄和侄女李福曼听着想发笑，却又强忍着，不敢让她知道。因为，她们有点儿怕她。

作为清朝的京兆尹小姐、民国的总长夫人、曾经的大家闺秀、如今的一家主母，李蕙仙一直是比较严肃的。在儿女眼里，她甚至有些乖戾。但是，这并不意味着她没有生活情趣。能成为梁启超的夫人，能成为一个"主张趣味主义"的思想家的妻子，能成为一位"拿趣味做根柢"的学者的太太，李蕙仙自有她独特的审美品位和生活意趣。这使得家里的小一辈们，既怕她，又想接近她。尤其是她养猫的爱好，更是吸引了全家的孩子。

梁家的儿女们，最爱往李蕙仙的屋里跑。这让丫头柳青常常感到担心。因为柳青负责收拾李蕙仙的房间，而李蕙仙又非常讲卫生。李夫人的屋子日日都要求打扫得窗明几净，地上掉一点儿渣子都是不被允许的，要立刻捡起来扔掉。但是，李蕙仙的爱猫却可以无法无天。

李蕙仙对猫十分宽容。她养的一只母猫可以随便上床。即使猫弄脏了床单，她也不在乎，甚至允许猫咪在被窝里睡觉。结果，梁家的猫就更加随心所欲了。

有一天晚上,梁思庄睡着了。没想到,母猫在她脚下的被窝里生了数只小猫。结果,等她醒来发现,便急得大叫起来。李蕙仙闻声而来,一看这场景,反而开心地笑了。自此,李蕙仙身边又多了四只小猫。

也许是受到母亲的熏陶,梁启超的儿女们几乎都有爱猫的嗜好。后来,这个爱猫的嗜好又传给了梁启超的孙子辈。故此,大伙儿开玩笑说,梁家可以成立一个"爱猫者协会"了。但是,当时的梁家人,可真没心情考虑这个协会的事情。因为,梁思庄病了。

三、以命易命

梁思庄十岁多的时候,染了白喉。白喉是一种急性呼吸道传染病,患者会出现发热、憋气、声音嘶哑甚至犬吠样咳嗽的症状。严重者甚至全身都会出现中毒症状,还会并发心肌炎和周围神经麻痹。由此可知,小小的梁思庄有多遭罪了。

在这种情况之下,梁思庄很快被送到了医院。由于她的生母李蕙仙也在病中,所以,日夜守护在她床边的是王桂荃。

小女孩儿自然是都怕疼的,爱撒娇的梁思庄也不例外。当时,她的嗓子化脓严重,难受得很。她就对着王桂荃大叫:"娘啊,嗓子疼啊,我要死啦,快叫爹爹来吧。"王桂荃听了,又心疼又着急。但是,她只能在精心照顾梁思庄的同时,紧紧瞒着梁启超。因为,这段时间的梁启超,正托着千钧重担。

民国6年,梁启超对政府充满了失望,"一年之岁月竟为内讧销(消)磨以尽"。他在不满中离开了政坛。但是1918年,随着第一次世界大战接近尾声，中国成为战胜国之一后，梁启超却必须要再次出山了。原因很简单，处理战后问题的巴黎和会将要召开，而梁启超对北洋政府那帮政客的外交能力很不信任。于是，他决定亲赴欧洲，担负起为国家争取利益的重责。

在得到总统批准后，梁启超、林长民等人加入巴黎和会外交委员会，负责巴黎和会的会外事务。1919年2月，梁启超一行抵达法国。这时，日本宣称山东问题已由中日两国政府谈妥，日本将无条件继承德国在山东的权益。这令梁启超无比愤怒，他迅速出面辟谣。随后，他在法国政要为他举行的宴会上发表演讲，面对各国记者，梁启超激昂发声："若有一国要承袭德人在山东侵略主义的遗产，就是世界第二次大战之媒，这个国家便是和平公敌！"随后，梁启超又积极同美国总统威尔逊及英、法等国的政府代表、党派领袖会面，以争取他们的理解和支持。

然而，梁启超的活动对巴黎和会没有起到丝毫作用。中国代表团的外交官们也果然如他预料的那样，对梁启超等人深闭固拒，敷衍应付。就在此时，北京政府却与日本签订了密约，承认日本为山东的合法继承者。这令梁启超怒发冲冠。他立刻打电报告知林长民等人，并支持他们向北洋政府施压。

谁知，几经辩论后，中国在巴黎和会上的外交战宣告失败，梁启超等人的努力也毁于一旦。但是，梁启超提前得到了消息，他迅速告知林长民，让中国代表全力抗拒，不得签字。之后的五月二日，林长民在《晨报》上发稿，高呼："胶州亡矣！山东亡矣！国不国矣！"很快，一场影响中国近现代史的运动爆发了。这就是五四运动。

这场运动的结果，后人皆知。但是，后人不知道的是，在运动之前，梁家失去了一个可爱的女儿。这个孩子，不是梁思庄。

梁思庄在王桂荃的细心护理下，很快转危为安，病情减轻，并慢慢好起来。可不幸的是，王桂荃的亲生小女儿也染上了白喉。由于王桂荃要看护梁思庄和其他病童，力不从心，对这个女儿的护理不到位。结果，这个不满十岁的小孩，梁启超的第四个女儿，就这样默默无闻地离开了人间。

这件事，对王桂荃来说，是极大的刺激。然而，为了不影响梁启超，她只得偷偷躲在厕所里哭泣。她强忍悲痛，依旧每日承担大量的家务劳动。丧女之悲，并没有让她对梁思庄产生怨恨，反而令她更加疼爱小思庄。这个幸运活下来的小女孩，被她当心肝宝贝一样疼爱。而梁思庄也深知娘的心意，她认为自己是娘以亲生女儿换来的女儿。故此，她对王桂荃也十分孝敬。

就在梁家的小女儿越来越懂事的时候，梁家的儿子也早已长成了翩翩少年郎，让梁家的长辈有了新的担心。

四、自己的婚姻自己定

当梁启超在巴黎为国尽力时，梁思成在国内也积极响应。五四运动中，他是清华学生中的小领袖之一，也是"爱国十人团"和"义勇军"中的中坚分子。

这一年，在梁启超的生命里很重要；这一年，在梁思成的生命里也很重要。因为，民国8年，梁思成初识林徽因。

林徽因的美丽聪慧毋庸置疑。她是"莲灯微光里的梦"，是"绝顶聪明的小姐"，是"聪慧绝伦的艺术家"，是民国史上的一个奇女子。这样的她，能吸引梁思成毫不意外。

梁思成的博学多才，也是无可置疑的。他本就家学渊源，有深厚的国学根基。此外，他还是清华大学管乐队的队长，是全校最有才能的小美术家之一，是运动会上的跳高第一名，是同学眼里的"一个有政治头脑的艺术家"！这样的他，能得到林徽因的好感，也是顺理成章。

于是，十八岁的梁思成和十五岁的林徽因，将因相遇而开启一段民国佳话。他们自有他们的人生传奇，不会被父辈们的辉煌遮蔽了自己的光彩。

但此时的他们，依然生活在父辈们的光环下。所以，梁、林的婚姻，还是要父母同意的。这一点，在开明的梁启超看来，完全不是问题。

梁启超和林徽因的父亲林长民是挚友，二人都在日本待过很长时间，且都经历了清末流亡、民初从政的生涯。像梁思成受全家宠爱一样，林徽因也是林父的掌上明珠。双方本就交好，又希望女儿嫁个好人家，儿子娶个好媳妇，让两家更加亲近，这是自然而然的事情。

但是，思想开通的梁启超，却并不想按传统婚俗行事，他更加关心子女的自身感受。于是，他对梁思成和林徽因说："尽管两位父亲都同意这门亲事，但最后还是由你们自己作决定。"

梁、林二人的"决定"，直到四年后才作出。因为他们分别了几年才相见，也因为梁启超的弟子徐志摩。在梁、林相遇的次年，林、徐也相遇了。年长林徽因八岁的徐志摩为这个一身诗意的女子倾倒了。后来，徐志摩更因其而离婚。

然而，在梁、林两家家长的呵护下，梁思成和林徽因越走越近。作为徐志摩的老师，梁启超自然知道弟子离婚的事情。作为能够拒绝"檀香山第一知己"的男子，梁启超更加知道徐志摩婚变对梁思成的影响。于是，他致信徐志摩，丝毫不提林徽因，反而以老师的口吻教训了他一番。这大概是一位父亲，为自己的儿子的恋情动得最深的"心机"了吧。

第二节　子女皆是债

佛法说："夫妻是缘，儿女是债，无缘不聚，无债不来。"故而，民间父母生气时，多有骂孩子为"小冤家"的。梁启超的孩子们大多懂事，可是也经常让父母担忧并挂念不已。尤其是情感外放的梁启超，对孩子们的牵挂就更深了。

一、念女

1920年4月20日，梁启超给长女梁思顺写信。开篇就表明了自己的想念。他告诉女儿：自己刚才与李蕙仙讲过，已经很久没收到你的信，做父亲的颇为悬心。结果，做母亲的提醒道，在梁启超归来刚满一个月，大女儿已有信件寄来，这可不能说来信稀少呀。

谁知，李蕙仙的话未说完，梁思顺的信就又到了。梁启超顿时笑逐颜开。然后，他把生活琐事，对女婿的规划，对女儿研究的指点，一一写了出来。

梁启超告诉女儿,自己从欧洲归来后,过得很安适。但是,来客不断,并不寂寞。同时,他又关心学术和著述,故此又恢复了两年前的生活,动辄夜分不寝,要把想写的东西写完才入睡。也许,正是因为这个习惯,才让只活了短短五十六岁的梁启超,成为著述最多的一位学者。他一生共写下一千四百余万字的著述,著作数量超过了之前朱熹、王夫之等人。这个成就也表明了梁启超对时间的珍惜和高效利用。可是,若牵涉自己的女儿,花费再多的时间,梁启超也觉得不为过。

1922年,已是知天命之年的梁启超,对儿女们越发牵挂。这种牵挂,在他意识不清时,体现得更加明显。11月21日,梁启超被儿女们的陈老伯,即陈寅恪的父亲陈三立请去吃饭。他们是二十五年未见的老朋友了。故此,当陈三立拿出五十年陈酿时,梁启超便高兴地与他畅饮。

醉后,梁启超愈发思念海外的大女儿。他情难自制,随手拿出一张纸,于上面写满了字。旁边的族侄拿过来看时,发现满纸都是"我想我的思顺""思顺回来看我"等话。父亲对女儿的思念之情,跃然纸上。

梁启超清醒后,便把这事写信告诉了女儿。他还告诉梁思顺:"我不是不想你,却是没有工夫想。"而究其缘故,自是因为吃醉酒了。随后,梁启超还把自己的功课表写给女儿看,像个欢天喜地的孩子给大人作报告。之后,当梁启超再次收到女儿的来信时,直接写道:"宝贝思顺:十二月十二日的信收到了,欢喜得很。"

就在梁启超能高兴地看长女来信时,长子也有好消息传来。

二、祸至

1923年1月7日,梁启超给梁思顺写信,在信末征求女儿的意见。原来,梁思成与林徽因情投意合,已经禀告过了梁启超。梁启超却认为,他们二人最好是学成后订婚,订婚后不久便结婚。然而,林家却不同意这么做,他们希望立即订婚,甚至梁启超的朋友们也多赞成林家的意见。故此,梁启超便向长女咨询。

其实,不仅仅是儿子的婚事,在涉及投资、置业等大事上,梁启超也多跟梁思顺商量,因为他一直信任女儿这件贴心的小棉袄。此外,生活中的小事,他也常听女儿安排。比如,1月15日,因过两天就是李蕙仙的生日了,他便在信中问闺女:"我想破戒饮一回,你答应不答应?"只一句,可爱又"顽皮"的慈父形象,便在读者脑海中活化出来。

当梁氏父女其乐融融时,当梁家的日子悠悠而过时,5月7日,梁思永突然跑回了家,而且满面是血。他大叫:"快去救二哥吧!二哥碰坏了!"梁思永口里的二哥,即梁启超长子梁思成。顿时,梁家人全都惊慌失色。

随即,家仆曹五将梁思成背进了家门。众人围上来一看,只见原本的体育健将,此刻已是面无血色。但是,梁思成还忍耐得住,开口便安慰父亲。梁思永虽然伤得也不轻,但依然护着自己的哥哥。梁思忠见到两个哥哥如此,哇的一声哭起来,几乎晕死过去。

幸而,梁家人多是经过风浪的,即使不知伤在何处,即使看着没有指望,却依然勉强镇定下来,赶紧去请医生。更幸运的是,梁启超借来的车就在门口。于是，梁启超的七弟和三妹夫急忙前去请大夫。

在出事后大概二十多分钟，梁思成才渐渐回转过来，脸上也有了一些血色。梁启超强忍担忧，去拉儿子的手。梁思成便使劲握着他的手不放，说道："爹爹啊，我是你的不孝儿子。"后来，梁思成又抱着父亲："爹爹妈妈还没有完全把这身体交给我，我便把它毁坏了，你不要想我吧。"接着，梁思成又担忧李蕙仙，让父亲千万不可告诉妈妈。忽而，他又想起了梁思顺，便说："姐姐在哪里？我怎样能见她？"

听着儿子的话，梁启超心都碎了。他只得极力克制，强迫自己开口说："不要紧，不许着急。"其实，他心里想：只要儿子捡回性命，哪怕变残废他也甘心！

后来，医生到了，对其伤势简单处理后，梁思成被送往协和医院。这时，梁启超方想起来，刚才只顾忙着照看梁思成，竟不知梁思永伤势如何。

三、母怒

梁思永和梁思成关系极好，二人年龄相近，兴趣相仿，在日本时就一起上学，回国后又共同向何林一的夫人张蔼贞女士学钢琴，兄弟俩好得跟一个人似的。看着哥哥伤重如此，看着家人心焦如此，梁思永直说自己没有伤，只是紧跟着看护梁思成。

后来，他睡倒了，梁家人才发现不知道他伤哪儿了，又担心他有暗伤，便把他也送到了医院。这一检查，让梁启超觉得谢天谢地。因为梁思永腹部以上一点儿伤也没有，腿上也只是轻伤，不过嘴唇被碰裂了一块，不能吃东西。

伤得更为严重的，当然是梁思成。他的左腿骨折，脊椎受伤，着实受了一番痛苦。幸好，因为骨头未碎，梁思成无须截肢。可是，毕竟是重伤，他还是留下了后遗症。

梁思成、梁思永兄弟俩都像父亲梁启超那般乐观。他们伤后同住一个病房，第二天，便说说笑笑。在家人眼里，二人是"又淘气到了不得了"。这让梁启超的心也落了下来。因为梁思成的伤势，梁家全家忧心不已，林徽因更是急死了。故而，梁、林两家人一道儿，都饿着守了大半天，都没吃午饭。此刻，眼见他兄弟二人状态良好，大家都欢喜起来了，都开始用晚饭。而梁启超也放心地畅饮压惊。

此时，还不知道梁家兄弟出事的，是他们的母亲李蕙仙。在没有准信前，大家谁也不敢告诉李蕙仙，就怕她着急发病。一直等到情况稳定了，梁启超才给夫人写信，并让两个"淘气精"也各写一封信过去。

收到信后，李蕙仙第一时间赶来儿子们身旁。她先是为孩子的伤情难受不已，待得知受伤的原因后，她便勃然大怒。

原来，5月7日是"国耻日"，是八年前日本政府向袁世凯提出企图灭亡中国的"二十一条"的日子。一早，梁思成便骑着摩托车带着梁思永，去参加北京大学举行的纪念活动。谁知，在南长安街上，北洋军阀金永炎的汽车横撞过来，致使梁家兄弟受伤倒地。

次日，梁启超和二弟去查看事发地，发现距离梁氏兄弟遇险之地的一寸多，便是几块大石头。倘或撞上去，碰着头，当真是"万无生理"。此外，梁启超还见着一具横陈的死尸，也是昨天下午被汽车碰了的人，依然没有被收殓。这些情况，让梁启超想想就惊心动魄。他觉得"逢凶化吉，履险如夷，真是徼天之幸"。

但是，李蕙仙可没想这么多。她只知道自己心爱的儿子们受伤了，她只知道长子梁思成的腿出问题了，她只知道撞伤儿子的车是北洋军阀的车。故此，她恨极了金永炎！

而金永炎的言行，也的确招恨。他作为当时陆军部次长，作为总统黎元洪的亲信，自是炙手可热的人物。他见撞了人，只是掏出名片，告诉前来的警察说："有话可到衙门来说。"

而梁家初时因救命要紧，并没有理论。等孩子们被送往医院，众人惊魂稍定，梁启超的二弟方大发雷霆，叫警察拘传司机，扣留汽车。次日一早，金永炎看到梁氏所办的北京《晨报》，才着急了，知道被撞者并非寻常老百姓，赶忙派人去医院探视，却被梁启超训斥了一番。

但是，梁启超和弟弟的愤怒，全都比不上李蕙仙。她见到儿子后，震怒非常，先是赞成梁启超二弟的意见，要求诉诸法庭。待梁思成伤后第三日，金永炎亲自来医院时，李蕙仙又大大教训了他一场。这位前朝京兆公家的小姐、清朝尚书的妹妹、袁世凯政府司法总长和北洋政府财政总长的夫人，发起火来可不会就这样了结。

虽然梁启超认为撞人的责任在司机，坐车的金永炎不过有道德责任而已，且梁思成兄弟已得平安，便欲息事宁人，不想再追究了。但是，李蕙仙怒火不消，她亲自前去总统府，请黎元洪惩处金永炎。最终，黎元洪极力替下属赔了一番不是，李蕙仙才气平了。而梁启超也松了一口气，他觉得，妻子不会因气致病，也是一件大好事。然后，他便有精力，继续关注着病床上的儿子。

四、劝子

众人皆知,梁思成是一位运动健将。他除去跳高,还有一个专项技能是爬高,能在铁架下手攀绳索自由上下。著名体育家马约翰教授,直到晚年还记得他:"梁思成能爬高,爬绳爬得很好,后来到了美国,因为运动伤了腰,以后又得了病,身体才坏下来的。"其实,马约翰教授可能不知道,梁思成因为这次车祸,已经大伤了一次元气。

虽然在家人的安排下,梁思成得到了及时治疗,但是他的腿没有接好,使得左腿比右腿略短一厘米。故此,他的鞋子需要专门定做。在后来,为了省事,大家只在他左脚的鞋后跟处加一个小垫子。这些都还是次要的,更严重的是,他的脊椎受到了严重损伤。所以,梁思永可以一个星期就出院,梁思成却需要住院八个星期。故此,他要推迟一年出国,在学业上,也要比同学落后一年。这让梁思成十分焦急。

越心急,其实越不利于养病。梁启超深知自家孩子的脾气,就在梁思成住院期间给他写信。信中,梁启超要求儿子"取《论语》《孟子》,温习谙诵,务能略举其辞"。同时,梁启超特别强调了修身,"尤于其中有益修身之文句,细加玩味"。

作为一代国学大师,梁启超深知传统文化学习的次第和方略。所以,在推荐完"四书"后,为了让儿子"益神智""助文采",他又要求儿子浏览《左传》和《战国策》。倘或梁思成仍有余力,梁启超便要他读《荀子》。因为这本书有很多训诂难通的地方,梁启超就向儿子推荐了王先谦的《荀子集解》,还告知儿子去澡玉堂取一本来。总之,梁启超这样劝解梁思成,既让儿子打发了病中时光,又让孩子加厚了国学功底,可谓一举两得。

也许是因为梁思成年轻,身体恢复得快,也许是因为他继承了父亲不服输的精神,想要尽快开始学习,梁思成把自己留学的心思告知了母亲。梁启超听说后,又写信开导儿子。他没有武断地否定儿子,而是直接告诉梁思成:"吾意迟一年出洋为要。"接着,他还引用旁人的观点:"志摩亦如此说。"之后,梁启超把自己的观点娓娓道来,劝说儿子不要有"欲速之念",否则会"贻终身之戚"。紧接着,梁启超又阐释道:"人生之旅途历途甚长,所争决不在一年半月,万不可因此着急失望,招精神上之萎蕤。"此外,他还分析了此举对儿子的好处:"汝生平处境太顺,小挫折正磨练德性之好机会。况在国内多预备一年,即以学业论,亦本未尝有损失耶。"

就这样,梁启超层层递进,把自己的观点抽丝剥茧地讲给儿子听。短短一封信,可谓字字珠玑。也许是怕儿子理性上接受了,感性上依然受不了,梁启超还在信末承诺,他到周日,便依然由津进京,看望梁思成。

总之,安抚好了儿子,梁启超总算松了口气,全心准备在南开大学的演讲。在此期间,他做了件让妻子惊讶的事情。

五、兜风

1923年7月31日,梁启超讲演完毕,留下二十岁的梁思永、十七岁的梁思忠聆听别人的讲座,他则带着十六岁的梁思庄去吃大餐。五十一岁的他跟同龄人不大一样，依然对生活充满了热情，对家人更是充满了关爱。

随后，梁启超又让李蕙仙带着十二岁的梁思达和十岁的梁思懿过来。一家五口就餐完毕，就坐汽车兜圈子，在马厂一带玩得很开心。尤其是三个孩子，欢喜得不得了。

这绝对是少有的事情，因为梁启超爱学问、爱工作、爱交游，几乎没有片刻闲暇。故而，妻子李蕙仙不由得打趣他说："居然肯抛弃书桌上一点钟工夫，作此雅游，真是稀奇。"梁启超开怀大笑，接着便跟梁思庄说："等明年，你姐姐回来，我带着你们姊妹去逛地方，不带男孩子了。"

于是，梁思庄和梁思懿都边拍手边说："太便宜哥哥们了，让他们关在家里哭一回。"这时，梁思达忍不住了，他赶紧说："我要加入女孩子团体。"接着，他又拽着梁思庄告诉父亲："姐姐已经同意了。"

这一家子的对话，别说在现场听着，就是看看梁启超的文字记述，都能让人绝倒。这么好玩的事情，怎么能不告诉其他孩子呢？于是，逛街次日，梁启超便给梁思顺写信。

没过几天，梁思成便出院了。梁启超留心观察，发现这次车祸虽然给儿子带来了些后遗症，但是梁思成与林徽因感情如旧，并未因此而产生分歧。他便放心了，还常和李蕙仙说："又得一可爱的女儿。"

梁启超也承认，虽然他们很疼爱林徽因，但若要像疼爱梁思顺那样，终究是不可能的。总之，他对梁、林联姻是很满意的，还跟女儿炫耀，这是他"第二回的成功"。第一回，自然是梁思顺的婚姻了。所以，他说："好孩子，你想希哲如何，老夫眼力不错罢。"

然而，生活总是难以圆满，欢乐中难免间杂忧伤。梁启超在给长女的信中，要女儿多写信给王桂荃。一方面，王桂荃是"我们家庭极重要的人物"，她照顾梁启超，分担了梁思顺等子女的责任；另一方面，三十八岁的王桂荃让梁启超很担心，因为她作为高龄产妇，连生二子，都夭亡了，而她也因失于调养，身体大坏。

谁知，就在梁家父女忧心王桂荃时，先出事的是李蕙仙。

第三节　夫妻生别离

李蕙仙自从1915年做了乳腺癌手术后，就一直在家养病。她每天读报、写字，还打麻将。有时兴致来了，她就带着一群小孩到家里的地下室玩。

她与当时的"小脚老太"不一样，是非同寻常的女子。莫说她本就出自大家，即便是婚后，她也不同俗流，不仅是妇女运动的发起人之一、刊物《妇女报》的发起人之一，而且去过全国十多个省份，还曾出国探亲。她的眼界、气度、文采，都是女子中少有的。这样的她，经历过戊戌变法，带着全家去国避难，还当面斥责过总统。但就是这样一位强势的女子，最终还是被病魔击倒了。

一、盼女

1924年1月，康有为酝酿二次复辟未成，早已师徒离心的梁启超对此却并不太关心。他更在意的是旧历新年的过法。

梁启超先告知女儿,自己取消了上半年的陕西之行,为的是等印度大文学家泰戈尔的四月中国之旅。随后,他又力劝女儿赶在四月初一前回国。一来因为儿子们的春假只有一个礼拜,二来因为梁思顺可以回家过生日。梁启超还偷偷告诉女儿,弟弟妹妹们商量了很多新花样,来欢迎她这个大姐姐呢。此外,梁启超还谈到了长女的压岁钱,说是弟妹们组织了一个会,替长姐保管。他要女儿回来再算账。最后,梁启超给女儿卖了个关子:"另外有一种压岁钱,个个想要,但只有一份,谁也不给,只好留给最小的孙子,我已替他保管着千妥万当的,告诉他回来再拿罢。"

这些可爱的文字,这样可爱的父亲,怎能不让梁思顺归心似箭?但是,等到三月,梁思顺就再没心思关注生日和压岁钱的事情了,因为,李蕙仙的乳腺癌复发了。

这年春天,李蕙仙的癌细胞扩散,并同血管相连,无法做手术了。为了治病,梁家全家从天津搬到北京,在太平湖饭店租房住下。而李蕙仙虽然病痛难忍,但是依然十分自持,总是不愿让子女担心。当时,梁思成、梁思永兄弟正准备出国留学,看到母亲病重,就恋恋不愿成行。而李蕙仙坚决不允,并说:"我的病不要紧,能等你们回来。"

也许是因为预感,也许是为自己百年之后做准备,3月14日,梁启超给弟弟梁启勋写信,告知看坟地一事。他托人在卧佛寺附近选了坟址,要等弟弟看了,自己也认可后再出资购买。

《红楼梦》中有这样一个情节,秦可卿病重,凤姐探视后说:"也许冲一冲会好。"秦可卿的婆婆尤氏表示认同,并说早已暗中安排了,叫人预备了秦可卿的丧事。尤氏的做法就是"冲一冲"。而民间多认可这样的做法。故此，也许是因为梁启超的"冲一冲"起了效验，李蕙仙日见起色。到了四月，梁启超甚至觉得"我们可以大放心了"。他还告诉她，自己将返回天津，等待梁思顺归来，而李蕙仙也会回天津迎接她的。他没想到的是，不到三个月，李蕙仙的病情便急转直下。

二、丧妻

1924年8月，梁启超给好友蹇季常写信，提到了梁思成回国与李蕙仙的病情。他知道夫人所患之病"太酷"，恨不得以身相代。每日里听着妻子的呻吟，看着儿女的涕泪，梁启超愁肠百结，悒悒不乐。不久，他发现自己的小便带血，但是，想到妻子的重病，想到一家人的忙碌，他对谁也没说，也不去检查治疗。

梁启超这样做，也许是在惩罚自己。因为他总觉得，妻子一向"体气至强"，且患癌九年，不曾复发。恐怕是因为自己与妻子之前的冲突，让李蕙仙生气，才导致了癌细胞的再生，进而严重到了这个地步。他要与妻子同甘共苦。于是，他暂时顾不上八月出生的梁思礼，把全部心思放在李蕙仙身上。

但是，梁家人的努力最终没有挽留住李蕙仙。9月13日，刚好是农历的八月十五日，恰好是各家团圆的中秋夜，李蕙仙带着对亲人的眷恋，驾鹤西游。

李蕙仙平素倔强，不信奉任何宗教。但也许是为了让丈夫安心，也许是为了让儿女放心，也许是为了给自己抵抗病魔的信心，她在病中忽然皈依了佛法。在去世前九日，她还命小辈诵读《法华经》。她所得的病，是极痛楚的癌症。在生命的最后半个月里,癌细胞入脑,她几乎失去了痛觉。但最终,她逝世时神色安稳,颜貌如常,令家人都觉得她是有"凤根"的人。

李蕙仙走得安定平和,梁启超却悲难自抑。这位自称其字典里没有"悲观""厌世"等字眼的人,这个"平日意态活泼兴会(致)淋漓"的人,竟然也"嗒然气尽"了。他啜泣着,为妻子写下了《悼启》,详述夫人生平事迹。

经此打击,梁启超小便带血的症状加剧了。李蕙仙的丧事,便只能由他的弟弟梁启勋一手操办。但是,他依然强撑着为妻子"回灵"。

在李蕙仙的讣文发出后,很多人前来吊丧。据梁启超弟子杨鸿烈回忆:"眼见梁氏身穿孝服,从回回营步行好几里遥远的路直到宣武城外法源寺回灵,涕泪纵横,可见伉俪情深,老而弥笃。"而这样的情深,足以让梁启超拒绝另外一个女子。

三、拒爱

梁启超失去李蕙仙,哀痛欲绝:"呜呼!天祐不终,夺我良伴,何其速耶,何其酷耶!"他在万念俱灰下,毫不留情地屏绝了曾经的红颜知己。

原来,在李蕙仙逝世后,不忘前情的何蕙珍从美国赶来,希望能够陪伴梁启超。但是,面对曾经的"檀香山第一知己",梁启超仍然严加拒绝,言行甚为决绝。而他的这一做法,对于多情的何蕙珍来说,无疑是薄情了些。后来,何蕙珍的表姐夫、《京报》的编辑梁秋水先生责备梁启超,怎么能"连一顿饭也不留她吃"。

然而,梁启超已经不在乎这些了,因为他的精神生活已经痛苦万分了。他为《晨报》写文章，在《苦痛中的小玩意儿》一文里，讲述了自己在"丧事初了，爱子远行"后的感受，那种"几不知人间何世"的悲苦，让他难以"提笔属文"。直到次年五月，"五卅惨案"发生，梁启超才又数次写文，论说其事。当然，在此期间，他自己的著述并未搁下，反而愈加拼命。另外，他还给"宝贝思顺、小宝贝庄庄"写信，极言对女儿的不舍，但是为了孩子们成就学业，他又不得不忍耐着。

在思念的同时，梁启超还颇为关心孩子们的学费。在给"对岸一大群可爱的孩子们"写信时，他特意问了："庄庄学费每年七百美金便够了吗？"此外，他还细数了家里的收入，算了股份利息、政府给的夫马费、售书费和清华大学给的讲课费。他采纳长女的意见，要为梁思达、梁思懿、梁思宁的游学费作储蓄。

在信末，梁启超特意提到了购房的事情，希望能得到梁思顺夫妻的资助，在北戴河买下章仲和的房子，每年来住几个月。当然，他看中这房子的原因还有一点，那就是房子下面的平地比较大，将来可以再盖一所房子，刚好让学建筑的梁思成练手。

这封信写完十多天后，梁家人就又遇着一件好笑的事。原来，有人说，距离章仲和房子约十里的地方，钓鱼最好。梁启超便把这事告诉了孩子们。谁知，孩子们兴致极高，第二天就要去。本来，梁启超见天色不好，有点儿迟疑，但孩子们已经预备齐了，梁启超就随同前往。

第二日，还没到目的地，便下起雨来。大家就硬着头皮说："斜风细雨不须归。"没料想，转瞬间便是倾盆大雨。于是，梁启超一算，"七个人在七头驴子上，连着七个驴夫，三七二十一件动物，都变成落汤鸡"。

虽然回来后梁家人全身的衣服绞出一大桶水，但是大家还是买了两条鱼和六只大螃蟹，依旧算是凯旋。

这件事让梁启超觉得非常好笑，他特意写信分享给长女。其实，在北戴河避暑期间，梁启超始终把一件事放在心上，即坟园工程。

四、葬妻

在选定坟地后，梁启超择定新历8月16日动工，在新历10月3日，即农历的八月十六日，也是李蕙仙周年祭的次日，下葬妻子。已经五十三岁的他，身体状况是大不如前。故此，梁家坟园的修筑工程，全托给他的二弟梁启勋。而梁启勋几乎天天在山上监工，并独自一人住在香云旅馆，对兄长所托尽心尽力。所以，梁启超特意让孩子们写信，向二叔致谢。

在坟地动工期间，梁启超眼见国内危机四伏，大战恐又在眼前，便暗自祝祷，只希望丧事结束后再起战事。而后，看着葬期日近，梁启超愈发哀痛、悔恨。他于9月28日，用一日之力写下《祭梁夫人文》。

文中，梁启超感叹："今我失君，只影彷徨。"他痛呼："月兮，月兮，为谁圆？中秋之月兮，照人弃捐！"最后，梁启超情难自抑："呜呼！中秋月兮，今生今世与汝长弃捐，年年此夜，碧海青天。"一篇祭文，让梁启超蕴积了十二个月的哀痛，尽情发泄了出来。但是，他还觉得不够。

文成次日，梁启超给孩子们写信，他说："顺儿呵，我总觉得你妈妈这个怪病，是我们打那一回架打出来的。"他怕伤孩子们的心，始终不忍说，现在终于忍不住了。最后，他跟孩子们保证，在经过几天的哀悼后，他会把前事排去，绝不更伤心，以便让儿女们放心。

随后，梁启超在广惠寺，为妻子做佛事三日。之后的10月2日，梁家举行李蕙仙的周年祭礼与移灵告祭礼。梁启超在亲友五六十人的陪同下，步行送灵柩到西便门。之后，梁思忠和梁思达扶灵奔赴墓地。当日，梁思顺、梁思成等人皆在大洋彼岸，唯有梁思忠一人扶柩步行上山。当晚，亦是梁思忠与梁思达守灵。梁启超带领王桂荃等人宿于香山甘露旅馆。

到了10月3日的正日子，看着移灵入圹，梁家全家哀号，"悲恋不能自胜"。其中，王桂荃比他人更伤心十倍。她来到李蕙仙身边，已经三十年了，几乎从未想过会有分离的一天，如今尽情一哭，才稍微纾解了积痛。听着王桂荃的哭声，梁启超是"深痛极恸"，他用祭文发泄，在墓前悲悼了很久。

下午，梁启超回到家中，看到不满九岁的四女梁思宁与刚满一周岁的五子梁思礼，又是嬉笑如常了。他突然想起古人的诗句："纸灰飞作白蝴蝶，泪血染成红杜鹃。日落狐狸眠冢上，夜归儿女笑灯前。"这场景让他倍感凄凉。随即，他提笔给"爱儿思顺、思成、思永、思庄"写信，在讲述了葬礼的同时，也对自己的身后事作了安排："圹内双冢，你妈妈居左，我居右。"《道德经》上讲："君子居则贵左，用兵则贵右。"梁启超对待妻子，也可谓生死如一了。

值得一提的是，李蕙仙的葬礼并没有多通知亲友。然而，参与会葬者却多至一百五六十人。他们都是黎明从城内坐车而来，汽车把卧佛寺前的大路都挤满了。亲友盛情，令梁启超十分感动。所以，他对亲友的事情，也就更上心了，特别是好友兼未来亲家的林长民。

第五章
几度乘风问起居

20世纪20年代的梁启超,遭遇不断的精神创痛。夫人李蕙仙的病逝,夏曾佑、王国维等友人之死,以及政局的动荡不安,都令他精神上极度苦闷。能让他解忧的,除去著述,就是儿女们了。

在晚年的时光里,孩子们是梁启超最大的牵挂。他的九个孩子,有五个先后出国留学。收到儿女来信,成为梁启超最快乐的事情;给儿女写信,也成为梁启超最乐意的事情。但是,1925年12月27日写给梁思成的家书,梁启超却有些迟疑。他开篇即说:"今天报纸上传出可怕的消息,我不忍告诉你,又不能不告诉你,你要十二分镇定着看这封信和报纸。"

第一节　忧子情难禁

让梁启超如此郑重其事的消息,是梁思成未来岳父林长民的死讯。

原来,就在一个月前,当郭松龄通电反对张作霖,并改所部为东北国民军时,林长民加入郭幕,向沈阳进攻。这事让梁启超非常惊讶。他知道老友这一年来的行为有些反常,可是家事的感伤及写作的辛劳,让他无暇关注林长民。

梁启超诧异的是:"不知何故,一年来我屡次忠告,他都不采纳。"他后悔的是:"他事前若和我商量,我定要尽我的力量叩马而谏,无论如何决不让他往这条路上走。"他忧虑的是:"第三日才有人传一句口信给我,说他此行是以进为退,请我放心。其实我听见这消息,真是十倍百倍地替他提心吊胆,如何放心得下。"

林长民出京的事情,梁启超之前已写信告知梁思成和林徽因。他希望有老友"脱离虎口"的消息,没想到,传来的却是噩耗:林长民被流弹击中，当场身亡，他的尸骸当即被焚烧，无从运回。

得知这样的凶信，梁启超做的第一件事，是让王桂荃入京，到林家探听消息，并陪伴林徽因的母亲。他做的第二件事，就是给儿子写信："你要自己十分镇静，不可因刺激太剧，致伤自己的身体。"

一、思子

梁启超对梁思成十分惦念，不单因为他是他的长子，也不单因为他远在大洋彼岸，更因为梁思成的疾病。

梁思成是非常爱运动的人，曾经的车祸并未打消他对运动的喜爱。可是，"瓦罐不离井上破，将军难免阵前亡"。他在美国，因为运动伤了腰，受伤后免疫力下降，所以又得了病。

故而，早在林长民出事的半年前，梁启超就为此事询问长女："思成身子究竟怎么样？思顺细细察看，和我说真实话。"如今，与梁思成关系密切的林家出事，而梁思成又是个性情比较"猖急"的孩子，梁启超自然忧思难已。他迅速给儿子写信，要表达三层意思。

第一，儿子过得好，父亲才没有挂虑，倘若儿子有了忧愁，父亲自然会有挂虑。梁思成若要为林长民的事情过度担心，会令万里之外的老父寝食不宁。

第二，梁思成要担负起伴侣的责任。如今，林徽因遭遇此事，必定难过，而她唯一的伴侣、唯一的安慰，恐怕就是梁思成。梁思成要镇静，才能安慰她。

第三，梁启超请梁思成传话给林徽因，梁家视她为亲生女，请她鼓起勇气，完成学业。

最后，梁启超还说，希望梁思成和林徽因一起学成归国，学费方面不要担心，只当是梁家又有一个女儿在外留学。他这么说，也同时告知儿子，不要为恋人的学费操心，梁家是你们坚强的后盾。

除去写信外，梁启超还为林长民的身后事积极奔走。他亲见了林长民的遗属，打探了监视林家的公司，为林家的家计作了通盘考虑。因为林家家庭问题复杂，梁启超还决定请朋友和林家的亲戚成立"抚养遗族评议会"，力图为林家人的生活打下长久发展的基础。此外，梁启超还询问林徽因的学费余额，若有不足，他会立即筹款，汇到美国。

梁启超这样做，虽符合他一贯的处事风格，但其实并不容易。因为，此刻的梁家，也很困难，即便为林徽因筹款，也是"对付一天是一天"。如果梁家购买的股票能有利息可分，梁家今年才可勉强支撑。但是，在"丧乱如麻的世界"里，无论什么公司都是朝不保夕。梁启超对此早有心理准备，知道自己参股的公司恐怕会出事。

然而，一个乐观的爹爹是不愿也不会让孩子们为此担心的。梁启超会把家里的真实情况告诉孩子们，却绝对不会给予儿女"穷困"的思维。他叮嘱孩子："该用的钱就用，不必太过节省。"他相信孩子们不会乱花钱，不会因为孩子们多用钱而生气。在留学的几个子女里，他特意嘱咐了长子："思成饮食上尤不可太刻苦。"因为，梁启超听人说，梁思成好像是"滋养品不够，脸色很憔悴"。他对梁思成再三强调："你知道爹爹常常记挂你，这一点你要令爹爹安慰才好。"

结果，梁思成等人成为让父亲放心的孩子，梁启超却不能成为让子女放心的父亲。

二、手术

1926年,还在旧历正月里,梁启超便被"关在"医院里,而且短时间内不能出院。这让梁启超有些怀疑,又有些无聊。

他之所以怀疑,是因为医生并未找出病源,而且要检查他的膀胱,但是他之前小便带血的病已经痊愈半年,不像是膀胱有病。

他之所以无聊,是因为医生劝他仰着或趴着,不许用心做学问,让他觉得"真闷杀人"。

但是,梁启超依然是那个对生活充满兴趣的梁启超。他即便在医院,也是神采奕奕,毫无所苦。前几日,他更是兴致勃勃地戴着海马帽出门。原因是:帽子是孩子们送的,漂亮极了;现在不戴,过两天暖和了就不能戴了,若等到下一个冬天再戴,就太遗憾了。

也许,正是这样的豁达,让梁启超忽略了自己的病情。后来,他不得不接受医院的手术。当时,陪在他身边的是梁思忠。这个刚到二十岁的青年,这个李蕙仙眼里的孝子,这个没有哥哥姐姐在身边帮扶的小弟弟,独自一人看着父亲手术,担忧得出了一身汗。也因此,他着了点凉,回学校后,竟然病了几天。结果,他被父亲打趣了,"忠忠真没出息","这样胆子小,还说当大将呢"。

虽然对着孩子们开玩笑,但是梁启超心里明白,这次是自己太大意了,若是早点医治,总不至于如此麻烦。其实,早在手术的十多天前,梁启超的身体就不大舒服。朋友们都劝他,让他跟学校请一两个月的假。

可是，他觉得，自己的病一点儿痛苦也没有，精气神又一切如常，只要小便时闭着眼睛不看，就没什么事了，"殊无理会之必要"。结果，他这一病，时好时坏，实际上拖到当年12月才痊愈。

梁启超的"讳疾忌医"，除去他个人性格的原因，也与时局有关。众所周知，五卅运动期间，中国人强烈要求收回租界和废除治外法权。苏联在十月革命后废除了一切不平等条约；德国、奥匈帝国也因第一次世界大战战败国的身份，取消了与他国的不平等条约。故而，在梁启超为林长民的事奔走之时，英、美、法、日等国迫于形势，于1926年1月在北京召开法权会议，承诺撤回领事裁判权。

面对国之大计，梁启超本着培养司法人才，为废除治外法权做准备的考虑，接受了司法部的任命，就任司法储才馆馆长。就在北京法权会议召开当月，司法储才馆开学，梁启超聘任二弟梁启勋为总务长兼会计，自己则"卧而治之"。在这样的忙碌中，他的病情日渐加重，以至于要住院，也是理所当然的了。

对于梁启超来说，他住院最对不起的人，有两类。一类自然是家人。他的七弟在给梁启超的儿女们写信时，录述的是梁启超二弟梁启勋的记载。梁启超与他二弟的感情，就像梁思成和梁思永哥俩的感情一样好。想来，梁启勋的记录是饱含对哥哥的深情的。这样的文字让儿女们看了，自然是又着急又心疼。梁启超都能猜到，梁思庄肯定急哭了。还有，梁启超此时的伴侣王桂荃，因为送梁思达回天津，并没有陪着他手术。不然，王桂荃也会急出病来。让梁启超觉得抱歉的第二类人，就是他的学生了。他认为，自己有两三个月的休假，不能上课，真的是对不住学生们。

满怀这样的愧疚，梁启超依然能安心养病，他的五子居功至伟。

三、好玩的"老白鼻"

梁启超的五子梁思礼，被父亲昵称为"老白鼻"。"白鼻"是英文"baby"的谐音，意为宝贝。大概因为梁思礼是老来子，且民间常把最小的儿子称为老儿子，所以是"老宝贝"。梁启超手术时，"老白鼻"才两周岁，正是好玩的时候，给梁家带来不少欢声笑语。但是，这也是他正淘气的时候，所以，梁启超跟大孩子们说："'老白鼻'天天说要到美国去，你们谁领他，我便贴四分邮票寄去。"

当然，话虽如此说，梁启超可是舍不得"老白鼻"的。这位，可是他的开心果呀。

"老白鼻"出生的时候，恰巧是李蕙仙病重之时。他出生后不久，李蕙仙就驾凤骖鹤了。不满一周岁的他，极大地安抚了父亲的丧妻之痛。那是李蕙仙去世后的十个月，梁启超跟海外的孩子们写信时，特意讲了小梁思礼"填词"的故事。

梁思礼很少哭闹，父亲几乎没听他哭过一声。他很爱睡觉，每天总要睡十三四个小时。到了晚上八点钟，无论什么人抱他，他都不要，一抱他，他就横过来，表示要睡觉。于是，大人把他放在床上，他爬几爬，滚几滚，很快就睡着了。而且，他整天地喊和笑，可见是个肺活量很大的健康宝宝。故而梁启超很喜欢这个小儿子，只觉得"'老白鼻'好玩极了"。

当梁思礼快满周岁的时候，又多了咬人的技能，并借此来磨他的新牙。而这也正是他牙牙学语之时，故此，梁启超觉得，他虽然不会叫人，但是会"填词"，即严格地按照格律选字用韵。于是，梁启超问他："是不是要亲家和你一首？"他就说："得、得、得，对、对、对。"果然，"老白鼻"对得工整又有韵律，令老父梁启超开心不已。

时光飞速，眨眼间，在父亲梁启超手术前，"老白鼻"三虚岁了。正因为有他凑趣，梁启超才觉得1926年2月的春节"也还将就过得去"。

后来，梁启超住院，被医生灌了一杯蓖麻油，并禁止吃晚餐。于是，梁启超给"大孩子、小孩子们"写信，自嘲说："活到五十四岁，儿孙满堂，过生日要挨饿，你们说可笑不可笑。"海外的儿女们笑没笑，梁启超不得见，但是，眼前的"老白鼻"却是笑了。他嬉笑道："公公不信话，不乖乖过生日还要吃泻油，不许吃东西哩！"有"老白鼻"陪伴，梁启超的病床生涯自然不那么难熬。

再后来，梁启超出院，于同年9月住进清华园时，"老白鼻"也跟在父亲身边。他十分灵巧，眼见着父亲要烟，就主动地把抽烟用具送到梁启超面前。每一次，他都令老父非常欢喜。

在享受父子天伦之乐时，梁启超也为梁思礼的将来作了安排："老白鼻"那份游学费，他打算不管了。因为，"等到他出洋留学的时候，他有恁多的姊姊哥哥，还怕供不起他吗？"

这样说，因为梁启超对"老白鼻"的哥哥姐姐们有足够的信心，而他身为父亲，即便是在病中，也还是竭尽全力，为子女们筹划未来。

四、致孩子们

像梁维清疼爱梁宝瑛那样,像梁宝瑛疼爱梁启超那样,梁家对子女的关爱,始终把教育放在重要的位置。

梁启超在住院前,先担心的是梁思庄的学业。他希望庄庄能读皇后大学,但是,他又担心全家都是"美国风",就想让梁思庄能在美国以外的大学学习一两年。

等住院后,梁启超次第收到宝贝们的来信,知道梁思庄考了第十六名,他觉得很满足。在他看来,梁思庄跳级一年读书,和那些按级递升的洋孩子们竞争,能在三十七人中考到中上的名次,是真不容易的事情。为此,他告诉梁思庄:"好乖乖,不必着急,只需用相当的努力便好了。"

手术后没几天,梁启超就开始操心家里的"小不点点们"了。梁思忠和梁思达都能上学去了,而梁思懿却因京津路不通,只能留在清华大学。与此同时,梁思成对中国建筑史的兴趣有增无减,梁思忠的学习领域也并未按父亲预计的那样选择,这让梁启超对儿女们的学业愈发关心。他频繁写信,称呼是"孩子们""大孩子、小孩子们""一群大大小小孩子们",把自己的想法跟儿女们作深入的交流。

梁启超本计划让梁思忠学工程,以便将来和学建筑的梁思成合作。但是,梁思忠有做将军的理想,梁启超当然是支持儿子的。现在,没有学工程的弟弟支持,单纯学美术建筑的梁思成回国后如何谋生,成为梁启超担忧的一个问题。

在梁启超的计划里，梁思成这辈的兄弟姐妹倘若结了婚，也都要继续跟着梁启超，在梁家过三年或者更久的时间，等到生计完全自立后，再去创建新家庭。可是，依照现在的情形来看，梁思成结婚后，必须要迎养林徽因的母亲，那么，他便需要自立门户，这就比较困难了。梁启超曾经希望梁思成学都市设计，但是，恐怕"缓不济急"。于是，梁启超便询问孩子们：梁思成毕业后转学建筑工程如何？此外，梁启超还坦言道，自己对专门学科的情形不熟，希望梁思成仔细考虑，再给他回信。

对于梁思永和梁思庄，梁启超希望他们成为自己的助手。他把缘由也跟孩子们说了：第一，自己所治中国史，非一人之力所能成，希望孩子们在他的指导下，能够帮助他工作。第二，他希望把自己的工作成果译成外文，希望梁思永和梁思庄做好准备。

当梁启超为未婚的孩子们操心时，已婚的长女传来让他担忧的消息。梁思顺在父亲手术后不久，也在医院开了刀。

五、忧女

或许因为天性达观，手术后的梁启超恢复得很快。他动完手术的第四天，便胃口如常。结果，医生因未得病源，有一个礼拜不让他吃肉，饿得他"像五台山上的鲁智深，天天向医生哀求开荤，出院后更不用说了"。他手术后十天，早已和无病的人一样，"始终没有坐过一回摇椅"。他手术后十一天，偷偷下床去茅房，被护士看见，埋怨了半天。随后，他在医院里写了几十把扇子。医生、护工、厨子、打杂的，每人都向他求了一把。

出院后,梁启超觉得,无论做什么事都有兴致,而且毫不疲倦。一个小时以上的演讲,他也做了好几次。起初,他被七弟和王桂荃等人警告:"自己常常记得还是个病人。"然而,随着他的状态越来越好,王桂荃等人看惯了,也疲了,也就不觉得他是病人了。

故此,1926年4月20日前后,梁启超收信得知,女儿术后好像还未复原,并没有特别担心,甚至在4月初,他也觉得无须担心。因为他以自己为例,觉得接受手术不算一回事。

谁知,到了5月3日,梁思顺给父亲写信,提到术后恢复的情况:"稍微累点,就不舒服。"这让梁启超又诧异又担心。他诧异的是,自己的病并不轻,接受麻药的次数也比女儿多得多,怎么女儿恢复得这样慢?他接连看到女儿关于手术的信,越来越对女儿不放心,他希望不久便能收到女儿复原的消息:"虽累了,也照常受得起。"

经此一事,梁启超也觉得,自己真是得天独厚。因为,医生、护工们都说,像他复原得这样快的人,是从没有见过的。他说:"不是经比较,还不自觉哩。"拥有这样乐观的心态,梁启超的病因虽然还没搞清楚,身体确实一天比一天好。故而,当好友劝他休假一年时,他拒绝了。他知道好友们的意思,是怕他一开课,就舍不得休息,而且加倍地工作。但是,梁启超实在舍不得暂离清华大学,实在舍不得自己的学生们。所以,他跟友人和孩子们保证:"极力节制,不令过劳便是。你们放心吧。"

之后,梁启超给长女汇去四千元,并言明一半是梁思顺夫妇的存款,另一半给梁思庄等人做学费。他还吩咐长女,梁思成今年在费城学习,会花费很多,要给他足够的支持,不要让他吃苦;梁思永那边也要补贴一些，预备他买书和暑假旅行。最后，梁启超特意关照了小女儿："思庄考得怎样？能进大学固甚好，即不能也不必着急，日子多着哩。"此外，他还预先写了一幅小楷，装上镜架给小女儿做奖品。他觉得这奖品"美极了"，但是很难给梁思庄带去，只好等女儿回国拿了。

就在梁家人的关注点已经从手术上转移开时，社会上关于梁启超的病却议论得多了起来，甚至有几家报纸，攻击了协和医院。

六、中西医之争

协和医院是美国人在华开办的医院，拥有当时世界上最先进的医疗器械，已可以进行X光透视等检查。梁启超向来笃信科学，其治学之道，无不以科学方法从事研究，故对西医坚信不疑，便选协和医院为自己治疗。

谁知，梁启超的右肾被割后，小便出血之症并未见轻。他稍加劳累即复发，不劳累时便病情稍减。割去一肾，病状依旧，手术白做，而身体受损。这让梁启超的亲人如何受得了。

于是，5月29日，梁启超的弟弟梁启勋在《晨报》发表《病院笔记》一文，记述梁启超在协和医院治病的经过，文中自然难掩对医院的失望和对医生的不信任。而梁启超毕竟是社会名流，他被"错割右肾"，自然是引起了众人关注。很快，梁启勋的文章便引起轩然大波。

接着，众多报纸和文化名人开始论说此事，《现代评论》《社会日报》等对协和医院攻击得很厉害，而陈西滢、徐志摩等人则借此撰文抨击西医，并引发了一场中西医的是非之争。

事情发展到这样的地步，梁启超必须要出面了。他没有选择"医闹"，向医院索赔，而是发表了一篇短文《我的病与协和医院》，让大众和儿女们看。在文中，他明确说自己的病，"据那时的看法罪在右肾"，"右肾有毛病，大概无可疑，说是医生孟浪，我觉得冤枉"，并且梁启超为西医作了辩护："我们不能因为现代人科学智识还幼稚，便根本怀疑到科学这样东西。即如我这点小小的病，虽然诊查的结果，不如医生所预期，也许不过偶然例外。"文末，梁启超说："我盼望社会上，别要借我这回病为口实，生出一种反动的怪论，为中国医学前途进步之障碍——这是我发表这篇短文章的微意。"社会上的中西医之争，好像就此落下帷幕了。

但是，此文只能说"带有半辩护的性质"。因为梁启超自己也觉得，这次生病可以不必做手术，好在做手术之后，身体没有丝毫吃亏。

总之，梁启超依然信任西医，但是，他也不批判、不排斥中医，甚至积极接受中医的治疗。当梁启超的同乡唐天如开的中药起作用时，他还写信告诉孩子们："他的药真是其应如响，一年半之积瘤，十日而肃清之，西医群束手谓不可治，而一举收此奇效，可谓能矣。"

二十天后，梁启超又碰到中华医学会会长、剑桥大学医学博士伍连德。伍连德先是赞叹中药之神妙，并把药方抄去，接着又给梁启超提建议："本病就一意靠中药疗治便是了。却是因手术所发生的影响，最当注意。"

至此，关于梁启超之病用中医好还是用西医好，似乎也有了定论。可是，梁启超与协和医院之间的公案，却并未了结。

七、割肾公案

在与伍连德谈话后,梁启超写信给儿女们,告知伍医生的判断:"他已证明手术是协和孟浪错误了,割掉的右肾,他已看过,并没有丝毫病态,他很责备协和粗忽,以人命为儿戏,协和已自承认了。"

据伍连德诊断,梁启超的病不是无理由出血,而是一种轻微肾炎。西医并不是不能医治,只是很难迅速见效。因诊断不准确而导致的错误手术,最需要注意的是善后问题。伍连德严正警告梁启超:"割掉一个肾,情节很是重大,必须俟左肾慢慢生长,长大到能完全兼代右肾的权能,才算复原。"他了解梁启超对工作、对学术的狂热,又特意说:"当这内部生理大变化时期中,左肾极吃力,极辛苦,极娇嫩,易出毛病,非十分小心保护不可。唯一的戒令,是节劳一切工作,最多只能做从前一半。"

伍大夫的话,让梁启超很高兴,因为他很想知道右肾是否有病。他屡次到协和医院探听确切的消息,但是,"他们为护短起见,总说右肾是有病(部分腐坏),现在连德才证明他们的谎话了。我却真放心了,所以连德忠告我的话,我总努力节制自己,一切依他而行"。

整个"割肾事件",到此似乎就落下帷幕了。后人最难理解的,恐怕是梁启超的态度——社会人士和梁家人都觉得协和医院大有责任,梁启超却一直替协和医院辩护;明明是中医治好了梁启超,他却一直为西医辩护。

有人说,梁公此举,是怕影响西医乃至西学在中国的传播。他是将国家前途置于个人安危之上,将自己信奉的"主义"置于健康与生命之上,这样的情怀，自然是可敬的。可悲的是，梁启超护着的协和医院，却始终没有站出来说一句话。术后不到三年，梁任公去世，时人在纪念他的同时，再次质疑当年的"割肾手术"是一起"医疗事故"。可是，面对众人的猜疑，协和医院仍然保持沉默。

此事故到任公去世，仿佛也就终结了。但是，七十年后，美国哈佛大学教授、中国问题专家费正清的夫人费慰梅在《梁思成与林徽因》一书中，披露梁启超早逝真相，是协和医院的护士在肚皮上标错了地方，主刀医生又未核对X光片，导致割了健康的肾。之后，梁思成的续弦夫人林洙在《梁思成》一书中也提到此事，使得"割肾事件"变成了一桩百年公案。

2006年，北京协和医院举办了一次病案展览。展览中出示了梁启超在协和医院就医的病案。据此记载，经X光检查发现，梁启超右肾有一黑点，诊断为瘤，遂决定予以手术割除。故此，又有学者写文考辨，证明是费、林二人弄错了。

总之，孰是孰非，旁人和后人恐怕难有定论了。但能肯定的是，这次手术，梁启超那"快活顽皮样子"，那乐观的态度和积极的信念，始终在感染、激励着自己的孩子们。所以，梁家人之间的相处愈发亲密起来。

八、别子

在梁启超术后养病的九个月里，他接连收到梁思顺和梁思庄的信。看到大宝贝和小宝贝的文字，他高兴得很，"尤可喜者，是徽音待庄庄那种亲热，真是天真烂漫好孩子"。

欢喜之余，梁启超也不忘教女。他要求梁思庄独立地多走些地方，多认识些朋友，性格要活泼些才好。他同时强调说："择交是最要紧的事，宜慎重留意，不可和轻浮的人多亲近。"

此外，他特别嘱咐孩子们的是："忠忠到美，想你们兄弟姐妹会在一块儿，一定高兴得很，有什么有趣的新闻，讲给我听。"总之，与别人家送儿子出国不同，梁启超别子不见丝毫惆怅，没有丝毫担心，更别说难舍难分了。

究其原因，大概有三点：一是梁家已经送了二子二女出洋，再送第五个，已经习以为常了；二是梁启超对待男孩和女孩有些不同，女孩们就是"大宝贝和小宝贝"，男孩们就是"不甚宝贝的宝贝"；三是因为梁启超又得了个儿子，他在9月27日给孩子们写信："昨夜十二时半你们又添了一个小弟弟，母子平安。"

这个孩子来得太快了！本来，梁启超想让王桂荃到协和医院分娩的，没料到，晚上十点钟，这个孩子就在母亲肚子里不安分。这时候再去协和医院，是来不及了。于是，梁启超就赶紧找校医，幸而医生在家。大概过了一个多小时，梁启超最小的孩子"小同同"来到了人世。对于这位"小白鼻"，梁启超向其他孩子们说："你们姊妹弟兄真已不少，我倒盼他是女孩子，那便姊妹弟兄各五人，现在男党太盛了。这是第十个，十为盈数，足够了。"

"月盈则亏，水满则溢。"在古人眼里，"九"是至大之数，十全十美终究难得。而精通传统文化的梁启超，也没预料到，他无意的这几句话，包含着不祥之气。这是后话了。只说两天后，梁启超收到子女们一大堆的信，欢喜得手舞足蹈，哪还能想起评论"小白鼻"的事儿呢？

在这些家书中,梁启超诧异的是,他收到了来自加拿大域多利的信。等他拆开一看,才发现是本来去美国的梁思忠,先跑去加拿大见了姐姐。于是,他评论说:"忠忠真占便宜,这回放洋,在家里欢天喜地地送他,比着两位哥哥,已经天渊之别了,到了那边,又分两回受欢迎,不知多高兴。"

此外,更让梁启超高兴的是,梁思庄考进大学了!在出国的五个孩子中,梁思庄年龄最小,又是女孩子,所以,梁启超不免格外关注些。他特别喜欢看梁思庄与姐弟兄妹们的互动,因为这能看出她活泼的样子。他告诉孩子们,他以前有点儿怕,怕"庄庄性情太枯寂些"。

梁启超的担心是有道理的。一来因为梁家的女主人李蕙仙治家严谨,管理严格,孩子们的性格难免受影响;二来因为梁思庄在梁家的孩子辈里不大也不小,年龄刚好处于中间,挨着父亲的时候不多。故此,梁启超老觉得她欠活泼。谁知,梁思庄出国一历练,就显露出青年人的开朗与朝气,这让梁启超觉得安慰极了。

梁思庄在加拿大读大学,梁启超也是很认可的。因为,他告诉子女们:"我很不愿意全家变成美国风。"他希望自己的小宝贝在加拿大毕业后,就去欧洲的研究院。谁知,计划赶不上变化。这都是后事了。

眼下的梁启超,是家内、家外都有些不顺心。由于蒋介石和孙传芳之间的内斗,由于外国势力的介入,国内的形势非常复杂,基本上是"纯陷于无政府状态"。于是,周希哲和梁思顺不仅未得到八月节的使馆经费,而且还有负债,调动也基本无望。故此,梁启超告诉孩子们,必要时他可以随时接济些。总之,他希望梁思顺"招呼招呼弟妹们,令我放心,一面令诸孙安定一点,好好地上学,往后看情形再说罢"。

家里的孩子已经让梁启超很操心了,家外的孩子更让梁启超操心。尤其是他的弟子徐志摩,令梁启超违背心意,做了不愿做的事情。

九、极不愿做之事

梁启超担任清华大学研究院导师,自然是桃李满天下。而他教导出的弟子徐志摩,在当时也是"名满天下"。只不过,徐志摩出名的原因,不单是因为他的才华,更是因为他的"婚外恋"。

在1926年,徐志摩心仪之人早已不是林徽因了,而是陆小曼。但是,陆小曼是梁启超另一个弟子王赓的妻子。与此同时,徐志摩早在1915年就已结婚,他的妻子张幼仪正是梁启超好友张君劢的妹妹。故而,当徐志摩在1922年提出离婚时,梁启超就写信规劝:"万不容以他人之痛苦,易自己之快乐。"然而,良药苦口,徐志摩终究与梁启超的期望背道而驰。

后来,徐志摩与陆小曼"恨不相逢未嫁时",执意要成婚,徐父提出的条件里,包含了这样一条:"婚礼必须由胡适做介绍人,梁启超证婚,否则不予承认。"事情的结果,后人皆知。在10月3日的徐陆婚礼上,梁启超出席了。

但是,当着百来位宾客的面,梁启超没有如寻常的证婚人那般满面喜色,而是声色俱厉:"徐志摩,你这个人性情浮躁,所以学问方面没有成就。你这个人用情不专,以致离婚再娶……以后务要痛改前非,重新做人!"

眼见新人及客人们无不失色,梁启超继续教训道:"你们都是离过婚重又结婚的,都是用情不专,今后要痛自悔悟。祝你们这一次是最后一次结婚！"梁启超讲毕，众人目瞪口呆，"此恐是中外古今所未闻之婚礼矣"！

这件事在当时太出名了，除去已知的结果，还给后人留下一些真假未辨的版本。这也许和各人的立场及看问题的角度有关。

在画家刘海粟眼中，梁启超最关心最爱护的弟子是徐志摩。梁启超写给徐志摩的信，对青年一代很有教育意义；梁启超出席证婚，是由于徐志摩父亲的坚定与胡适的劝说；而梁启超在婚礼上的训话，正是他个性的突出表现。

在徐志摩朋友熊佛西眼里，梁启超最喜与青年们接触，尤其喜欢和天资聪颖或勤奋用功的青年接触。而徐志摩正是梁启超的得意弟子，并与梁师过从甚密。当徐、陆要完婚时，商请梁启超出面证婚，梁启超欣然允许，可是亲友中却有异议。这大概因为徐、陆都是离过婚的人，当时的礼教势力还很大，"一般社会对于离过婚的人是看不起的。离过婚的人再结婚简直是一种奇大的耻辱"。徐志摩的父母也不赞成徐志摩和陆小曼的结合。然而，梁启超先生却不在乎，依然出面为徐、陆证婚。

在熊佛西的记忆里，梁先生对于新郎新妇有一段非常动人的训词，大意是："一个人只该结一次婚，万一婚后不美满，可以离婚。但离婚不是常态，是一种不得已的不幸……结婚应该以爱情为主，没有爱情的结合是不道德的，时时有破裂的危机。"在熊佛西看来，梁启超对弟子的教诲是这样的："志摩和小曼都是在婚姻上一度失败了的人，今后更应警惕，应该如何地珍惜这一次的结合，决不能再有丝毫的失败；倘使他们再失败了，社会绝不会同情了！"

不论其他人怎样看待此事，梁家人却全都知道梁启超的态度。因为，在证婚次日，梁启超给孩子们写信，开头就说："我昨天做了一件极不愿意做之事，去替徐志摩证婚。"

在梁启超看来，陆小曼是因为恋上徐志摩才和王赓离婚的，"实在是不道德至极"。但是，耐不住胡适和南开校长张伯苓之弟张彭春教授等人的苦苦说情，梁启超"到底以姑息志摩之故，卒徇其请"。可他却是"在礼堂演说一篇训词，大大教训一番"。想必，梁启超为此早有准备，因为他觉得"徐志摩这个人其实聪明，我爱他不过，此次看着他陷于灭顶，还想救他出来，我也有一番苦心"。

梁启超是希望弟子生活得幸福快乐的。他很担心徐志摩从此被社会摒弃，虽然是自作自受，但也是太可惜了，而且，徐志摩有可能弄到自杀的地步。眼看着徐志摩找了这样一位伴侣，做老师的梁启超很忧心弟子。所以，即使他自己也知道很难，但还是很想对弟子当头一棒，希望徐志摩能有觉悟，"免得将来把志摩累死"。

果然，梁启超一语成谶。徐志摩后来养家，异常辛苦，于1931年遇空难逝世，年仅三十四岁。

对于徐志摩的选择，梁启超更想讲给子女们听的，恐怕是这些话："青年为感情冲动，不能节制，任意决破礼防的罗网，其实那是自投苦恼的罗网……品性上不曾经过严格的训练，真是可怕。"故此，他不仅把婚礼训词寄给孩子们，而且把自己的感触"专门写这一封信给思成、徽音、思忠们看看"。信中的一字一句，不单是叙事和教子，更饱含着老父的思念与牵挂。

第二节　每思骨肉远

当梁家的小一辈在北美刻苦攻读时,他们的父亲梁启超也没有丝毫放松。1926年年底,梁启超接待了日本的清浦子爵和瑞典皇太子,并天天演说,又加上学校的工作,且"著述之兴不可遏"。但是,他觉得精神很旺盛,一点儿也不疲劳,晚上继续替松坡图书馆卖字,居然还临帖临出瘾。于是,梁启超天天被王桂荃唠叨,被"逼"着去睡觉。

在劳碌中,梁启超最惦记的,自然还是自家的孩子们,他写信说:"我实在想你们,想得很。"眼看着快到新年了,他便给孩子们寄了九十美金。钱不多,但有讲究。

一、总要非常努力才好

梁启超寄给孩子们的,自然是压岁钱,而且是已婚的、未婚的都有。对于大孩子们,每人分十元,小孩子们共二十元。钱的用途,梁启超也替小孩子们想好了：分领了买糖吃去。

在"时局变迁非常剧烈"的情况下，梁启超还是保持着一贯的乐观。对于北洋军阀的末日，他更担心的，还是做外交官的女婿和长女的生计问题。他怕他们因没有使领经费而没有了收入。就在担忧中，他一看到梁思顺和梁思成的信同时到了，就觉得"真高兴"。而更让他高兴的，则是梁思永的获赞。

1927年1月10日，在清华大学国学研究院的茶话会上，人类学家李济之和地质学家袁复礼针对山西西阴村的考古收获作了报告。在报告中，李济之谦虚地说："我们两个都是半路出家的考古学者，真正专门研究考古学的人——梁先生之公子还在美国。"

梁启超一听，又是高兴，又是惶恐，他思索着，儿子要如何才能当起"中国第一位考古专门学者"的名誉呢？会后，他立即给儿子写信："总要非常努力才好。"

梁启超让儿子努力，可不是空洞地喊口号。他随即介绍了李氏此次的考古成果，还把梁思永回国考古的风险作了仔细的分析。同时，他还给儿子作了安排：若时局稳定，能够去山西就结伴去；若时局不靖，就留在清华大学帮李济之整理研究。总之，无论做什么选择，都不会浪费归国一年的时间。

其实，梁启超为梁思永的考古志向，早在1926年年底就做了准备。他还在手术后的恢复期内，就写信给李济之，介绍了儿子的志愿和条件。他还告诉儿子，只要儿子能得到"实在职务"，能有实习机会，差旅费、食宿费等都不算什么问题，家里对于这点钱还负担得起。等梁思永回国后，梁启超还想介绍几位金石学家,让儿子前去请教。他希望儿子的中国考古学常识更丰富一些,然后再去美国两年,去欧洲一两年。这样,梁思永会受益更多。此外,梁启超还有让儿子参观故宫博物院、历史博物馆等安排。

总之,有老父如此苦心,梁思永怎会不非常努力?他日后所站的高度,也许在梁启超作安排那一天就已经定下了。由此可知,梁父之爱子,为之计是何等深远。

二、埋头埋脑做去

同样受益于梁启超这样安排的人,还有梁思成。因为"思成和思永同走一条路,将来互得联络观摩之益,真是最好没有了"。

故此,梁启超在关注梁思永的同时,对大儿子也给予了颇多指点。

其实,梁思成已经非常出色了。他于1927年2月提前从宾夕法尼亚大学毕业,获得建筑学学士学位。同时,林徽因也加紧学习,于当月提前完成学业,并以优秀成绩获得美术学学士学位。但是,梁思成却对自己的选择产生了疑问,并写信给父亲,询问"有用无用之别"。

文、史、哲兼修的梁启超,回答儿子的问题自然是手到擒来。他以李白、杜甫和姚崇、宋璟做例子,让儿子自己判断:对于唐朝来说,这四位两组,哪组对国家贡献大?如果从中国文化史及人类文化史的角度来看,若没有了李、杜,历史要减色多少呢?

之后,梁启超告诉儿子:"要各人自审其性之所近何如,人人发挥其个性之特长,以贡献于社会。"最后,他特别郑重地教导梁思成:"你还是保持这两三年来的态度,埋头埋脑做去了。"

梁启超之所以如此教育儿子,与晚清名臣曾国藩有关。梁启超平生最服膺曾国藩的两句话:"莫问收获,但问耕耘。"所以,他告诉梁思成:对于自己将来的成就如何,现在想有用吗?现在着急有用吗?还是不要骄盈自慢,不要怯弱自馁,尽自己能力去做,做到哪里是哪里。

也许,正是因着梁启超的开导,梁思成不再多想,"埋头埋脑做去了"。于是,他在取得学士学位的同年7月,获得了硕士学位。

其实,梁启超能挤出时间来辅导梁思成,也颇为不易。在给长子写信前,四子梁思达刚在协和医院做了手术;四女梁思宁也预备做喉咙方面的手术,但因为她的寒假放得迟,预备过完旧历年再说;还有暑假预计从加拿大去美国的梁思庄,梁启超也很支持,并决定按女儿的需求来寄钱。

谁知,当梁启超考虑着大孩子们的事情时,最小的两个儿子出事了。

三、因梦救子

1927年二三月间,京、津一带出现了儿童肺炎的流行病。梁家人听说,因这病而死的小孩,每天有好几个。但是,他们并没有觉得这是大事。后来,梁启超最小的儿子"小同同",也是被昵称为"小白鼻"的孩子,出现咳嗽的症状,被送进了清华大学的校医院,过了三天,又被送进了德国医院。

就在"小同同"病重时,梁家家仆老郭突然做了个梦。梦里,已经去世快三年的李蕙仙出现了。她对着老郭大骂:"那小的已经不行了,'老白鼻'也危险,你还不赶紧抱他去看?走!走!快走!快走!"就这样,老郭被曾经的女主人从梦中骂醒。醒来后的老郭,从天津赶到北京,把这话告诉了王桂荃。

本来,梁启超认为,"老白鼻"只是夜里咳嗽得厉害,但是胃口很好,出恭也很好,应该没什么大病。可是,梁家人到底不放心,就也把"老白鼻"带去了德国医院。结果,这孩子的病正是当时流行的最危险的病。于是,当天"老白鼻"就入院接受治疗。但是,就在同一天,他的弟弟"小白鼻"却未挺过来,永远离开了温暖的梁家。

此时,他们的母亲王桂荃已经在医院待了五天五夜了,几乎没有睡觉,非常辛苦憔悴。但是,她很达观,继续在医院陪着"老白鼻"。而梁启超也在"老白鼻"好转后,给留洋的孩子们写了信。他认为,老郭的梦虽然渺茫,但李蕙仙的在天之灵,一定常常保佑着她心爱的孩子们。故而,把"老白鼻"救转过来的老郭一梦,"实也功劳不小哩"。

其实,这事让梁启超十分后怕,因为他对"老白鼻"是"非常之爱,倘使他有什么差池,我的刺激却太过了"。晚年的梁启超,真是离不开"老白鼻"。在他眼里,四岁的"老白鼻"是"一天一天越得人爱,非常聪明,又非常听话,每天总逗我笑几场"。

在生病前,"老白鼻"已经读了十几首唐诗,天天教梁家家仆老郭来念。1月2日,他告诉梁启超:"老郭真笨,我教他念'少小离家'他不会念,念成'乡音无改把猫摔'。"他一面说一面抱小猫,就把那猫摔下地,惹得梁家人是哄堂大笑。

接着,"老白鼻"念:"两人对酌山花开,一杯一杯又一杯。我醉欲眠君且去,明朝有意抱琴来。"他一边念一边要梁启超和他对酌,念到第三句便躺下,念到第四句便去抱一本书当琴弹。

诸如上述的趣话,每天都有很多。此外,梁启超在清华大学的工作本就不轻,再加上燕京大学的工作,自然是忙碌非常,不得放松。于是,"老白鼻"每日来"搅局"几次,便成为梁启超最好的休息时间。

谁知,整个3月份,"老白鼻"都不能这样活泼了。出乎梁启超意料,"老白鼻"在进入医院后,没有很快痊愈,反而患病超过一个月,而且时好时发。在3月30日,他忽然发烧超过三十九摄氏度,被家人送入协和医院。在险象环生后,他又被转入德国医院,终于平安了。这让梁启超觉得"真谢天谢地"。

就在"老白鼻"生病期间,北京城变得越来越让人不安。于天时而言,气候很不正常。还有三天是清明节时,北京城开始下雪,早晚温差常常是二十摄氏度,十分不利于保养。于人事而言,异常的气候导致居民们大量患病,特别是孩子。当时,北京两个月来死去小孩无数,梁启超二弟的孪生女儿也处于危险中,令梁家人惊慌不已。而于局势而言,北京正是"满地火药,待时而发"的紧张状态,一旦有变,在梁启超看来,也许比爆发了"三二四"惨案的南京更惨。估计暑假后,梁启超和梁家人便不能在清华大学安居了。他已经派人打扫了天津的房子,预备随时撤回。即便梁启超觉得天津也不稳当,但是比之"北京之绝地,有变尚可设法避难"。

在这种情形下,梁启超对自己为儿子的安排,产生了怀疑。

四、有一天做一天

梁启超颇主张梁思永暑期回国。可看着现在的境况,他倒觉得还是不回来的好。也许,他就"要亡命出去了"。

梁启超写信给海外的儿女们,让他们不要为自己担心,不要以为经历了丧子之痛的父亲会调节不好心态。梁启超告诉孩子们,他自己的心境没有不好,反而讲学正讲得起劲。他每周都有五天的演讲,其余要办的事情,也是兴会淋漓。因为,他总是抱着"有一天做一天"的主义。他还向宝贝们解释,不是"得过且过",而是"得做且做"。所以,他跟以前是一样的活泼、愉快。

梁启超之所以主张"有一天做一天",是基于他对成败原因的分析。他认为,古今天下之事,若从成败的角度分析,有一条是共同的,即"有毅力者成,反是者败"。他还对中国的国民性进行考察,认为缺点甚多,"其最可痛者,则未有若无毅力焉"。"做事无常心,遇事随风倒"是梁启超极其反感的品质之一。他觉得,如果事业是正义的,那么前途虽远,只要有毅力,努力前行即可。故此,他的"有一天做一天"信条,是用更活泼、更简单、更生活化的方式,把培养毅力的理念解说给孩子们听。

所以,有人说,梁启超实际概括了成功者的秘诀:要想取得了不起的成就,就要踏踏实实地、实实在在地、锲而不舍地去做。这中间的道理很简单,立志在人,谋事在人,成事在人,最终还是事在人为,在于自己能一步一步地去拼搏。纵览古今成功者,基本都是在艰苦中凭借坚持不懈的韧性,从一点一滴做出来的。

就在梁启超"有一天做一天"时,他的老师康有为却不能有一天活一天了。1927年3月31日清晨,康南海七窍出血,逝于青岛。

消息传来,梁启超半晌无言。他十八岁拜师,之后追随康有为,积极参与变法。变法失败后,师徒流亡海外,二人因革命、保皇的选择渐生隔阂,后又因思想道路的不同而师生离心。虽然师徒关系最终修复,但是终难以复原如初了。

如今,人死如灯灭,过去种种,譬如朝露。梁启超在得知老师的丧讯后,悲痛不已,立即写了一篇祭文。而当听说恩师身后萧条时,他亦觉凄凉,赶紧汇去几百块钱。此外,他还替女婿周希哲送奠敬百元,并告诉梁思顺:"希哲受南海先生提携之恩最早,总应该尽一点心,谅来你们一定同意。"

据梁启超的学生周传儒回忆,康有为有时骂梁启超骂得很凶,说梁先生幼稚。但是,梁任公依旧很尊师。在康师死后,梁先生痛苦了几天,并率领研究院全体同学在法源寺开吊。他自己披麻戴孝,在法源寺待了三天,并在孝子位置上站着。徐志摩、张君劢、胡适等人都行磕头礼,梁先生则依孝子礼答礼。之后,平素喜欢打麻将的梁先生,在康师故去后一个月内,一把牌都没有摸。

在这一个月里,梁启超除去焚膏继晷地工作外,就是思考时局的发展与子女们的将来。因为,"国内太不安宁,大有国民破产的景象"。他担心过一两年,连他这样年纪的人也要挨饿,又如何给子女提供留学经费呢?于是,他作了一个决定。

五、常保元气淋漓的气象

1927年5月4日,梁启超把所有的现金集中起来,共凑了五千美金,汇存给梁思顺。但是,这笔钱不是留给他个人的。梁启超的打算是,由周希哲夫妇替他经理,生一点利息。他希望,这些利息最好能满足梁思庄等人的学费,而本钱则留作不时之需。

以上只是梁启超万千心事中的一件。他新增的一重心事,与梁思忠有关。他在海外的五个子女中,只有梁思忠的政治热情最高,并进入了军校学习。在梁启超为时局忧心时,梁思忠有了新的人生计划,且希望父亲能够保密。而梁启超是个守信的父亲,他在梁启勋和王桂荃面前也守口如瓶,没有告知他们:梁思忠计划终止学业,参加"北伐"。

儿子的谋划,令梁启超很是忧心。他写信给儿子,先是夸奖。因为他理解,儿子想改造社会环境的志向和勇于回国吃苦冒险的精神是值得大大表扬的。接着,他又表明了对儿子的挚爱。他拿梁思永为例,拿自己为梁思永的考古事业费心筹划为据,申明自己对孩子们有多喜爱。然后,他把得来的消息娓娓道来,告知儿子自己不支持他的原因。

梁启超用釜底抽薪的方式直接告诉儿子,他想要参加的"北伐"已经完全停顿,现在加入,不过是参加火拼而已。此外,目前的军队素质很坏,梁思忠即便加入,也不会学到好东西。并且,现在的冒险是不值得的,若因此浪费光阴,则更为不值。他对儿子的话最不认同的是:"照这样舒服几年下去,便会把人格送掉。"

为此,梁启超反驳梁思忠:这是没出息的话!一个人若是在舒服的环境中会消磨志气,那么在困苦懊丧的环境中也一定会消磨志气。

也许,这"消磨志气"的观点提醒了梁启超,他随后写信给梁思顺,怕梁思成消磨了志气。在梁启超看来,自家的几个大孩子,大都可以放心。其中,梁思顺和梁思永大概是绝无问题的。但是,他对于梁思成却格外担心。

原来,梁启超担心的是,长子会为"徽音的境遇不好"被牵连了。在他看来,"忧伤憔悴是容易消磨人志气的"。若是一时不顺还好,"最怕是慢慢地磨"。而且,对于学费艰难等物质方面的忧愁还并不打紧,怕的是精神上的忧虑,怕的是日子长久的忧心。故此,梁启超让长女常常关注长子,并帮着梁思成预防这种精神上的损耗。为了儿女的前途事业,为了孩子们不至于"消磨志气",梁启超也开出了药方,即"总要常常保持着元气淋漓的气象"。

其实,消极和积极是人生这枚硬币的两个方面。人的各种情绪是交杂在一起的,重要的是如何面对及选择什么样的态度去面对生活。梁启超深谙此道。故此,他才会告诉子女,不管在什么样的环境中,不论面对什么样的情况,都要保持着元气淋漓的气象,始终对前途充满信心。

但是,这并不意味着梁启超主张一味地用功,一味地用元气。就在挂心梁思成和梁思忠兄弟俩时,梁启超也不忘给女儿"打预防针"。他给孩子写信说:"庄庄今年考试,纵使不及格,也不要紧,千万别着急。"因为他知道,梁思庄比同龄人提前一年读大学,功课即便赶不上,也是情理中的事。他还为此嘱咐儿女们:"你们弟兄姊妹个个都能勤学向上,我对于你们的功课绝不责备,却是因为赶课太过,闹出病来,倒令我不放心了。"

为此，他还把自己做学问的方法进行了总结，然后分享给了孩子们。

六、"猛火熬"和"慢火炖"

1927年夏，梁思成在大学已经过三年苦读。若是平常人家，定会为有这样的孩子而感到骄傲。然而，在梁启超眼里，这却是令人担忧的情况。他害怕长子走上"孤峭冷僻"的路子；他希望儿子回来时，还是一个"活泼有春气"的孩子。这样的境界，在梁启超看来，仍然与人格修养有关。但是，"学业上之熏染陶熔，影响亦非小"。

此外，梁启超深知，对于做学问的人来说，学业经常是占据生活的主要部分的，学业内容的充实与扩大，与生命内容的充实与扩大是成正比的。故此，治学方法非常重要。

不过，梁启超可没有强行给儿女们规定学习方法。他先把自己几十年的经验作了总结，发现越看越亲切越看越有味的，是古代先哲说的一句话："优游涵饮，使自得之。"于是，他便转引活化出这样的句子来："凡做学问总要'猛火熬'和'慢火炖'两种工作循环交互着用去。"

然后，梁启超告诉长子，他已经熬过三年了，这一年该用"炖"的功夫了。这样做，不单对身体有益，对学业也有益。也许有人会觉得，梁启超这话说得太早了，年轻人哪儿能不多吃苦呀。可是，就在梁启超这话说完不到两个月，梁思成便取得了硕士学位。也就是说，梁家长子只用了三年时间，就取得了宾夕法尼亚大学的建筑学学士学位和硕士学位。可见，梁思成念书有多么拼命了。

在梁思成拼搏的时候,他的妹妹梁思庄也在拼搏。但是,她的成绩却没有哥哥好。而原因,并非她不爱学习。

梁思庄不喜欢的,是父亲梁启超为她选的专业。梁启超曾经写信给梁思庄说,希望她选生物学为主科。一是因为她这一辈的人,还没有一个学自然科学的,对梁启超而言,是一桩憾事;二是因为生物学不但是最进步的自然科学,而且是哲学社会学的主要基础;三是因为梁启超觉得,生物学是有趣且不粗重的工作,对女孩子比较适合;四是因为梁思庄学成回来后,中国的生物随处可以采集试验,容易有新发明;五是因为截止到1927年,中国女子还没有学这门科学的,男子也很少,梁启超希望女儿成为"捷足先登者"。

以上条条理由,无不包含着梁启超对梁思庄发展的用心,无不包含着老父对女儿筹划的费心,无不包含着父亲对孩子灌注的爱心,这让梁思庄如何能拒绝?所以,她毫不犹豫地选择了生物学。但是,父亲的周密设计却在实际面前折戟沉沙了。梁思庄考入的麦基尔大学,其生物学教授教得并不好,以至于学生们要另花一笔钱,用来请助教补课。结果,经过一段时间的学习后,梁思庄对生物学还是没有多大兴趣。她把自己的苦恼告诉了长兄。

很快,梁启超就知道了这件事。他立即给宝贝女儿写信:"既然如此,为什么不早同我说?"他跟女儿强调:"凡学问最好是因自己性之所近,往往事半功倍。"接着,他委婉地跟女儿表示了歉意,因为他跟孩子们很久不相处了,女儿的思想发展方向他也不了解,他推荐的学科自然未必合适。梁启超希望女儿"自己体察做主,用姐姐哥哥当顾问,不必泥定爹爹的话"。他最怕的是,因自己的话,扰乱了孩子的"治学之路",所以,赶紧给女儿寄信。

后来,梁思庄转学文学,从麦基尔大学获得学士学位后,转入美国哥伦比亚大学图书馆学系。她也是"猛火熬"和"慢火炖",最终成为著名的图书馆专家。这是后事了。眼前的梁家,依然更关注梁思成,究其原因,也依然与林徽因有关。

七、唯有"悲观病"最不可医

也许是为了学位的事情奔忙,也许真是被忧伤憔悴消磨了精气神,梁思成给父亲的信很少。其数量远不及兄弟姐妹同期写的家书,更不及父亲寄信的数目了。这种情况,让梁启超好生放心不下。

梁启超很怕长子受到什么精神上的刺激苦痛,尤其是在学业繁忙的爬坡期。他认为,处于军阀混战、兵荒马乱的时代,日日闻见的是民声载道、哀鸿遍野,故此,"生当现在的中国人悲观的资料太多了"。此外,在林长民故去后,林家在战祸连连的年代里,自然也不好过。"思成因有徽音的连带关系,徽音这种境遇尤其易趋悲观",所以,梁启超对梁思成是格外放心不下。

梁启超给孩子们写信说:"我以为一个人什么病都可医,唯有'悲观病'最不可医,悲观是腐蚀人心的最大毒菌。"因此,他不仅要求孩子们学会坚强努力,而且要他们乐观风趣,有人情味儿。

梁启超常拿自己做例子:"我生平对于自己所做的事,总是做得津津有味,而且兴会淋漓,什么悲观咧,厌世咧,这种字面,我所用的字典里头可以说完全没有。"他还说:"凡人,必常常生活于趣味之中,生活才有价值。若哭丧着脸挨过几十年,那么生命便成为沙漠,要来何用?"他的这些话,让后人读来,也常常是拍案称赞,更别说他身边的亲近人了。

故此,梁思成很快就恢复了活泼的样子。梁思永也说:"爹爹尽可放心,我们弟兄姊妹都受了爹爹的遗传和教训,不会走到悲观沉郁一路去。"事实也果真如此,梁启超的孩子们,虽然人人都有一部奋斗史,但是,他们几乎从不悲观,个个都是生活的强者。

其实,梁启超曾对悲观消极的问题作过专门文字论说。而他的乐观与时时充满朝气的观念,早在二十多年前就形成了。

在和如今一样的时局危重时,在和如今一样的五月天里,梁启超于光绪二十九年(1903)写了一篇《说希望》。文中,他遍举古今中外的例子,主张用积极的心态面对现实。他认为,中国人的毛病是,"恋恋于过去,而绝无未来之观念;眷眷于保守,而绝无进取之雄心"。更可怕的是,"人人皆为绝望之人,而国亦遂为绝望之国"。因而,他大声疾呼:"美哉前途,郁郁葱葱。谁为人豪?谁为国雄?我国民其有希望乎,其各立于所欲立之地,又安能郁郁以终也!"

遗憾的是,梁启超的好友王国维却没有他这般乐观,在愤怒中郁郁而终了。这让梁启超大受刺激。

八、设课"饮冰室"

1927年6月15日,梁启超致信给孩子们。信中说:"研究院学生皆痛哭失声,我之受刺激更不待言了。"

原来，梁启超已经离开清华，本计划立刻回天津，却突然收到噩耗，王国维先生于6月2日早上在颐和园投湖自尽。他马上奔回清华，料理王先生的后事及研究院未完的事项。

梁启超告诉子女们，王国维先生自杀的动机如他的遗嘱所说："五十之年，只欠一死；经此世变，义无再辱。"梁启超对自己这位同事非常尊重，也非常理解。他告诉孩子们，王先生对于时局的悲观本就很深，之后大约是受到两户学者被枪毙的刺激，才效仿屈原沉水自尽的。梁启超评价说："此公治学方法，极新极密，今年仅五十一岁，若再延寿十年，为中国学界发明，当不可限量。今竟为恶社会所杀，海内外识与不识莫不痛悼。"

也许是受王国维先生之死的影响，在京、津两地陷入恐慌之际，当亲友们劝他避居日本时，梁启超断然否决了。他一方面为国势忧心，一方面也觉得天津秩序大概无虞，因为这里驻扎了很多外国军队。故此，料理完王先生的身后事，梁启超拖着疲惫的身躯回到了天津。

本来，因为学校暑假前批阅学生作业，梁启超就已过于劳碌，后又因王国维先生之事的刺激，他的旧病开始复发，并且越发厉害起来。大概有四十天，他都难以安宁。但是，回到天津家中后，他经过刻意休养，慢慢好转起来。然后，他便又开始操心子女们的学业、工作、前程等事宜了。

此时，除去海外的五个孩子，陪在梁启超身边的是十六岁的梁思达、十四岁的梁思懿、十二岁的梁思宁与四岁的梁思礼。梁启超忙于教学、演讲等事，对孩子们的教育花费的时间并不多，可是，他却是有仔细的思考和认真的规划的。从1927年下半年开始，梁启超让几个大孩子休学一年，在家里办起了补课学习组。

补课的教师，是梁启超在清华国学研究院的学生、时年二十七岁的谢国桢。这位小谢先生当初考入研究院时，可是名列榜首的人物。况且他年轻心热，又有足够的知识积淀，很快受到梁家子女的欢迎。于是，梁思达等人是"读得十二分起劲"，谢国桢教得是"高兴到了不得"。

补课的地点，是梁启超的书斋"饮冰室"。"饮冰"一词源于《庄子·人世间》："今吾朝受命而夕饮冰，我其内热欤？"面对国家内忧外患的困局，梁启超内心之焦灼可想而知。那么，如何祛除"内热"？唯有"饮冰"方可得解。虽然有个古意盎然的名字，但这书斋却是一座西洋建筑。它由意大利建筑师白罗尼欧专为梁家设计，平顶出檐，上为瓶式围栏，门口则建有三连拱券廊厦，造型别致典雅。更重要的是，饮冰室内有着丰富的藏书，让谢国桢和梁家子女都受益匪浅。众所周知，梁启超别署"饮冰室主人"，他的作品集名为《饮冰室合集》，这就足见这所书斋的重要性。而把这样一处心爱的地方辟为教室，也足见梁启超心中子女教育的重要性。

梁家儿女补课的内容，是分门进行的。同时，梁家孩子们的学习进度也有详细规定，堪称今日传统文化学习的最佳参考。详细的课程为：

一、国学方面：从《论语》《左传》开始，至《古文观止》，一些名家的名作和唐诗的一些诗篇由老师选定重点诵读，有的还要背诵。每周或半月，写一篇短文。有时老师出题，有时可以自选题目。作文要用毛笔抄正交卷。

二、史学方面：从古代至清末，由老师重点讲解学习。

三、书法方面：每天都要临摹隶书碑帖拓片，写大楷二三张。

此外，梁家参与补课的孩子们每周有半天休假，没有考试。作业由老师批阅。于是，经过短短一年紧张的学习，梁启超的几个子女在传统文化方面的知识有了极大的充实和提高。他们告诉父亲，在家读一日，"比在校中读三四日得益更多也"。可见，这次补课令他们获益匪浅，甚至在数十年后，梁思达还能清晰地记得当年补课的内容。

不过，梁启超不会因为补课有效果，就采用在家上学的方式。他依然让孩子们回到学校，跟同龄的孩子们一起升学。安排完身边孩子的事情后，梁启超继续操心海外儿女们的事情。但是，他罕见地连着一个月没有去信。

九、学问兴味不能太过单调

1927年夏天，火伞高张，焦金流石。梁启超每日是汗流浃背，"热得要命"。更让他难受的是，"蚊子的群众运动比武汉民党还要厉害"。为了躲避蚊子叮咬，本来用于写作的时间里，他不是在院中外头，就是在帐子里头，基本挨不着书桌，自然不怎么写信了。而且，梁思永回国了，他自然会给梁思顺等人写信。于是，梁启超越发"落得躲懒了"。

当然，这只是做父亲的玩笑话。梁启超对孩子们的关切可谓细致入微。8月29日，他给长女等人写信，先安排的是梁思忠的学业。

梁启超依据自己的经验，让梁思忠先学政治学，然后再回到本国学陆军。在他看来，美国不是学陆军的地方，而且，梁思忠要想在军界立足，非有些"同学系"的关系不可。至于国内哪所学校最好，梁启超会在一年内替梁思忠调查预备。只此一项安排，足见梁启超绝对不是拼命读书的腐儒。

接着，他又安排了梁思成的学业，建议长子再留美一年，转学欧洲一年，然后归国最好。然后，他对梁思成说了几句话，成为梁家家教中流传最广的一段话：

> 思成所学太专门了，我愿意你趁毕业后一两年，分出点光阴多学些常识，尤其是文学或人文科学中之某部门，稍多用点功夫。我怕你因所学太专门之故，把生活也弄成近于单调，太单调的生活容易厌倦，厌倦即为苦恼，乃至堕落之根源。

然后，梁启超又有些得意地说："你有我这样一位爸爸，也属人生难逢的幸福，若你的学问兴味太过单调，将来也会和我相对词竭，不能领着我的教训，你全生活中本来应享的乐趣也削减不少了。"

随即，梁启超再次分享了自己的学习体验。他告知儿子，正是因为生活内容的异常丰富，才能永久保持不厌不倦的精神。他每次产生新的兴趣转到新的领域时，"便觉得像换个新生命，如朝旭升天，如新荷出水，我自觉这种生活是极可爱的，极有价值的"。

上述，的确是梁公的肺腑之言。他曾在东南大学讲课，对自己进行了剖析："我是个主张趣味主义的人，倘若用化学化（划）分'梁启超'这件东西，把里头所含一种原（元）素名叫'趣味'的抽出来，只怕所剩下的仅有个零了。"

于是，主张趣味的人一旦生病，不能如往常那样活泼，便会格外令家人心疼，譬如梁启超。

第三节　迢迢两地分

1927年秋，梁启超再次入住协和医院。他住院十二天后，终于回到了天津的家中，却"生活和在医院差不多"。原来，医生对梁家人声明，梁启超能好起来，不是吃药的功效，全靠休息及饮食的调养。于是，梁家人自然遵照医嘱。

然后，梁家人就产生了分歧。梁思永天天对父亲说："你要将自己当作病人看待。"而梁启超觉得身体没有不适之处，如何肯自认是病人。梁思永还主张父亲在清华养病，而王桂荃却不认同。她按医生所说，觉得梁启超的病要依靠起居饮食的调理，在天津比较方便，在清华却不能节劳。于是，讨论的结果是，梁思永听娘的，梁启超听他娘俩的。当然，梁启超没有这么说，他自认是"全依医生的话，每天工作时间极少"。

其实，依照梁启超的个性，又怎能完全不用心思，只不过是少些思虑而已。而他的忧虑，与国势密切相关。

一、料看生计合何如

梁启超回天津养病,从时局来看,是明智之选。因为,就在当时,阎锡山的晋系军阀宣布拥护北伐革命军,并向奉军开战,而张作霖则调兵反攻。大规模的军阀混战再次拉开帷幕。于是,"京中人又纷纷搬家了"。

晋、奉开战的时间,恰巧是梁思永起程考古的前三日。所以,已经准备好行装、订好车票的梁思永只得作罢。

与此同时,梁启超也为梁思忠而庆幸,庆幸儿子没有回国。因为他为梁思忠所拟入读的学校,现在都解散了。为此,他感慨地说:"生当今日的中国再没有半年以上的主意可打,真可痛心。"危乱的时局,让梁启超这样曾经叱咤风云的聪明人都无法作出短期计划,民生之艰,是可想而知了。

虽然军阀混战的荆榛满目、道殣相望,病中的梁启超不得亲见,但是,熟读史书、亲历改朝换代的他,又怎能不知兵连祸结的惨烈!他说:"现在战事正在酣畅中,胜负如何,十日后当见分晓,但无论何方胜,前途都不会有光明,奈何奈何!"一向乐观的梁启超,竟作此悲语,足见时局之危了。

故此,梁启超不得不对家计进行再次调整。幸而,他在理财方面还是积累了很多经验的。其实,早在十多年前,梁启超就已形成了自己的经济观念。他曾在返乡期间,劝阻当时尚在人世的父亲买田。他说:"假若十块钱买一亩田或十块钱买一只鸡,我宁愿吃鸡不买田。"他的用意是,买田不如投资工商业来得划算,与其不划算,不如吃了干脆。

故此，梁启超先是把一部分资金交给周希哲在国外打理，然后又通过股票买卖、投资保险等，为梁家儿女攒下教育基金。当然，他也辛勤著述、发奋工作，通过稿酬、课酬及工资等维持一大家子的生活。他的收入不仅要维持自己的小家庭，而且还时常帮衬亲戚、朋友家，还得支付家仆等人的月钱。能做到收支平衡，略有结余，已足见他的理财水准之高了。

但是，再高明的经济师，碰到军阀混战的局面，也是束手无策。梁启超担心国内百业凋残，一两年后怕所有礼券都成废纸，只能卖出多少算多少，然后把资金汇到美洲去。而这样做，也不过是为了"不致把将来饭碗全部摔破"。幸运的是，他的女婿周希哲很能干，甚至几个月的工夫就弄到了加倍的利息，不仅完全解决了梁思庄等人的学费，而且大大缓解了梁家的经济问题。这是当年小雪前后的事情了。眼前的梁启超，还处于天津的深秋里。

曾经，他的寓所很幽静。庭园设计、花草树木都别有风味。客厅里铺着朱红色的地毯，上面铺设有两张豹子皮，嘴对着嘴，而桌案上则陈列着几件石器和青铜器，古拙淡雅，显得十分宁静。左边的屋子便是书房，从书架到地上放满了书，弄得走路都很困难。

如今，他搬到旁边的"饮冰室"，将自己晚年的政治生活和著述生活也一起搬了进来。风声雨声读书声，大才如海，作狮子吼，声声入耳；家事国事天下事，矢志移山，求菩提道，事事关心。一间斗室，往来多少风云人物，承载几何皇皇巨著，恐怕连梁家人自己也弄不清了。

在这种情况下，梁启超的血压能降下来，身体能慢慢恢复，足可见梁家人照顾得细心。在梁启超离开协和医院后，对于他的恢复问题，梁家由梁思永做"总司令",王桂荃做执行者兼看护者。留在国内的家人对梁启超是严厉督促;身处海外的子女则是苦口相劝。梁启超也说:"你们个个都是拿爹爹当宝贝,我是很知道的,岂有拿你们的话当耳边风的道理?"于是,他的脸色是一天比一天好,身体也长胖了些。

就在梁家人为梁启超齐心一致时,清华大学的同事们却为梁启超离心了。

二、辞职风波

1927年深秋,梁启超在北京的工作地是山雨欲来,而他在天津的居住地却是风平浪静。即便清华校长曹云祥的一封来信打破了这份宁静,也并未在梁家引起丝毫涟漪。

梁启超知道,因为自己的病,梁思顺一直是流着眼泪写家信的,便把这件事讲给女儿:"姑且当作新闻告诉你一笑罢。"

事情是由梁启超在家养病引起的。本来,梁思永劝告父亲,希望父亲辞去北京所有的职务。但是,他在清华住了一段时间,发现清华的职务不是一时能摆脱的,便同意父亲暂留清华。

随后,梁启超在秋季开学后,到校住了数天,见了挂心的学生们,把本年应做的事情大约定了规模,就到医院去了。原本是各方相安的。

谁知,在梁启超出院几天后,外交部有改组清华董事会的举动,并且章程有规定,校长由董事中互选。内中便有一位董事,推选了梁启超。随后,外交部便征求梁启超的意见。梁启超自然是不同意的。因为,他当初担任董事和教授本就以不任校长为条件。事件至此,本可打住,不料,却平地再起波澜。

学问渊博的梁启超，对《庄子》是非常熟悉的。《庄子·秋水》中讲了这样一个典故：

庄子之友惠施在梁国担任宰相。当庄子即将经过梁国时，有人便说："庄子到梁国来，是要取惠施而代之呢。"于是，惠施在国都搜捕了三天三夜，想让庄子立刻离开。然而，极富个性的庄子直接面见了老友，还给他讲了个故事：南方有一种神鸟，名叫鹓雏。它从南海起飞，要到北海去，非梧桐树不栖息，非竹子的果实不吃，非甘甜的泉水不喝。路上，正好有一只饿得发昏的猫头鹰，逮着了个腐臭的死老鼠，看见鹓雏飞过，就仰着头发出怒斥声，以为鹓雏要来抢它的死老鼠呢。庄子以这个故事作喻，询问惠施："你是不是也想吓唬我，担心我抢了你的职位呢？"

梁启超自然不是庄子，也未必爱做鹓雏，但是，他却偏偏碰到了"惠施"和"猫头鹰"。当时，曹云祥担心梁启超夺了他的校长之位，便暗中动员教职员反对。结果，只有朱某一人附和。梁启超没有像庄子那般当面对质，反而在听到消息后立刻离职。

没料到，曹氏不知离职之事，反而想逼迫梁启超，令他连清华的教授职位也一并辞去，"好同清华断绝关系"。随即，朱某动员了一名研究院新来的学生，该生向学校上书，说"院中教员旷职，请求易人"。这摆明了是赶梁启超离开。而梁启超于事后还替该生辩解，说他年轻易受骗。

总之，事情发展到这一步的结果是，曹云祥便将这封上书油印出来，寄给了梁启超，讽刺他辞职。

然而，就在曹氏的信寄到梁宅时，学生们全部跑到了天津。原来，此事为全体学生所知后,引起了公愤。大家责问那写匿名信的新生,得知其间的种种卑劣后,便集体请求梁启超不要辞去教授之职,也不要辞去董事之职。

梁启超顺从学生公意,声明决不自动辞去教授一职,但是,关于董事的辞职函却已经寄出。随即,学生们又跑到外交部,请求不要批准梁启超的辞职。其实,在学生未到前,外交部的挽留函就早发出了。他们自然明白,梁启超是何等人。于是,学生们发现辞职函没被批准,就松了口气。但是,他们还是气不过,请求外交部撤换校长和朱某。

事件至此,梁启超就不再关注了。因为对于这类事情,他只觉得小人可怜可叹,决不会因此而动气。此外,在收到挽留函时,梁启超复函允诺,但仍然郑重声明以不任校长为条件,所以,他也不会因这种事而惹麻烦。

可是,不到一年,梁启超还是离开了清华,因为彼时的清华"为党人所必争",已不是此时的清华了。而教授会也迫使曹云祥辞职,曹氏成为少有的被赶出清华的校长之一。

正如不在乎曹氏一样,这些后事也不在梁启超在乎的范围内。他真正上心的,还是长子的文定礼。

三、文定厥祥

相传周文王卜得吉兆后,便认真准备纳征等礼仪,并亲迎贤妻太姒至渭滨。故此,后世以"文定"代称订婚。而过文定则是民间传统嫁娶礼仪的重要一步,是婚礼的前奏。当男家择定吉日后,便携带各种礼物到女方家,正式奉上聘书。对于长子的文定礼,梁启超是非常想参加的。这不单是他作为父亲的心愿,更因为他无法参加儿子的婚礼。

梁启超知道,儿子与林徽因的婚礼十有八九是在美国举行,所以,他对于此次文定礼特别慎重。他原本也计划于1927年12月18日参加儿子的订婚礼的。但是,因对京中"风潮正恶"和旧病复发的担忧,以及梁启勋和王桂荃的极力劝阻,他最终没有成行。可是,他还是亲自撰写了告庙文,并寄给长子,希望梁思成留之做纪念。此外,他还请了林志钧先生作为大宾。

之后,由梁启勋代替梁启超入京,赴林家提亲。梁家的聘物是两枚玉佩,一红一绿。大约取"何以结恩情?美玉缀罗缨"的意思,玉佩可以戴在项间,不论是那碧犀色的,还是那翡翠色的,都用小金环缀连起来,雅致、漂亮又大方。这是由林家的大宾陈仲恕和梁启勋商量购置的,见着的人都说:"美丽极了。"林家本计划用一方玉印,知道梁家用双佩,便也用了双印。

在写庚帖这件隆重的大事上,梁、林两家也是十分慎重。他们在商量以后,恭请林家至亲、著名书法家卓君庸先生执笔。因为卓先生不仅字写得极好,而且堂上俱庆、夫妇齐眉、儿女成行,是再适合不过的人选了。

总之,在两家的合计下,此次文定礼办得非常庄重。先是晨起谒祖告庙,接着是男女两家用全帖遍拜长辈亲人,午间宴请大宾,晚间则是家族欢宴,只见宾朋满座,举杯畅饮,齐贺鸳鸯百年好。

梁启超即便不能入京观礼,对孩子们的操心还是半点儿不少。他先是考虑聘物的邮寄、保存问题,接着又考虑美国婚礼的仪式、日期、花费等问题。他还为二人的归国行程作了详细规划,特意否决掉了"没有什么可看"且"有种种意外危险"的西伯利亚路线,推荐了由北欧回国的路线。他还希望二人能腾出时间和金钱到土耳其一行,看看伊斯兰教的建筑和美术,再替他看看土耳其革命后的情况。另外,关于土耳其的事情,梁启超建议孩子们查一两部简明英文书,回来讲给他听。

但是梁启超却不能继续考虑相关事宜了,因为他被王桂荃打断了。梁启超的病情本来已经好转了,可是在长子文定礼的这一星期,他连着做了几篇文章,就有点儿累着了,结果,旧疾又有复发的趋势。这让他觉得讨厌得很,觉得是过"老太爷的生活",觉得自己成了废人,觉得"精神上实在不能受此等痛苦"。可是,他又不能违背家人的好意,只得把对孩子的规划分作两次说。

四、尝尝寒素风味

其实,不论分作几次,梁启超都是非常高兴的。他一直在想,儿子从抱在怀里的"小不点点",经过千灾百难长大成人,品行学问都还好,还要缔结美满的婚姻,而且不久就要回国。怎么想,他都感觉"精神上非常愉快"。然而,欣慰中又带有点点忧伤。因为,梁启超想起了李蕙仙,想到妻子不能小待数年,不能看见长子的订婚礼,他就有些伤感。故此,除去梁启勋在北京告庙外,他又命梁思达等人,在天津家中的神位前默默祝祷。

之后,梁启超写信给梁思成,希望他在加拿大首都举行婚礼。因为梁启超担心梁思成和林徽因两个小孩子张罗不来婚事,担忧婚礼太草率了。而加拿大那边有姐姐和姐夫帮衬着,且有家人代请客人,还能在中国官署内行谒祖礼,"才庄严像个体统"。

此外,梁启超还对婚礼提出了要求:"只要庄严不要奢靡。"他认为,衣服、首饰之类只要过得去就好,一切都等回家补办,重要的是节省金钱做旅费,到英国后折往瑞典、挪威,多看看建筑上有意思的地方。

由此可见,梁家人消费,讲究把钱用在刀刃上。而且,梁启超主张勤俭朴素,不要大肆铺张。其实,梁家很早就养成了"寒士家风",因为梁启超深受曾国藩治家思想的影响,对曾氏教子的"勤、俭、谦"颇为敬服。故此,当他深爱的长女梁思顺抱怨加拿大的生活条件时,一向宠女儿的他却说:"你和希哲都是寒士家风出身,总不要坏了自己家门本色,才能给孩子们磨炼人格的机会。"

不仅对女儿如此,梁启超对女儿的孩子们也是如此:"几个孙子叫他们尝尝寒素风味,实属有益。"这是梁思成订婚前一年的事情了。由此可知,梁启超对待外孙都是这样,对待儿子就更讲究俭朴了。

但俭朴不是俭薄,梁启超早在两年前就教导过梁思成,如果饮食日用过于俭薄,不能滋养身体,也是要不得的。同样的道理,如果生活学习过于勤劳,过于勤奋,不能劳逸结合,也是要不得的。这一点,梁启超早就告诉过孩子们,做学问,要有点休息,从容点会做得更好。然而,在这一方面,他恰恰没有做好表率。

五、生命上最可怖之敌

1928年一二月间,梁启超再入协和医院。经过几次输血,他的病情得到好转。但是,梁家人已经被吓到了,不同意梁启超再执笔写作。于是,梁启超想给留洋的孩子们写信，就采用他讲述、梁思永笔录的方式。其实，采取这样的方法，还有一个重要原因：梁启超近来想写一本小书，计划自己口述，二子来写，现在先练习试试。

眨眼间，就到了梁启超特别关心的日子。在北宋大建筑家李诫诞生的3月21日，梁思成和林徽因在中国驻加拿大总领事馆举行了婚礼。因为林徽因不喜欢穿西式礼服，也不愿意在教堂举行宗教式的婚礼，故此，婚礼的地点是领事馆中梁思顺的客厅。而婚礼礼服是新娘自己设计的"东方式"婚服。据说，因为美貌的新娘和美丽的婚服轰动了加拿大的新闻界，有很多摄影记者纷纷赶来为新人拍照。婚礼在"不丰不俭之间，办得极庄严美丽"，正合梁启超之意。

梁思成与林徽因

婚后的旅行，因为有梁启超的提前安排，梁思成夫妇也过得非常充实。他们在欧洲认真地照相、写日记、画素描，为今后建筑史的教学和科研收集了大量资料，奠定了他们日后事业的基础。这是后话。

眼前的梁启超，正在为长子的生活规划而操心。但是，无论如何，他都是孩子最坚强的依靠。他告诉梁思成,普通毕业生为了奉养老人、抚育弟妹,一结业就要立刻劳动,不论什么职业,得就便就。但是,梁思成可以不必如此,即使一时找不到合适的工作,也可以住在家里,跟着父亲再当一两年学生。在梁启超看来,这是没什么要紧的事情。

与此同时,梁启超也考虑到了长子该担起的责任。他告诉儿子,以林徽因现在的境遇,梁思成该迎养林徽因的母亲,这是正理。如果梁思成不能在职业上独立,奉养岳母的事情会比较困难。总之,千般为儿虑,一颗慈父心。

那么,梁启超为什么要跟儿子说这么多呢?原来,国内的情况不比美、加,"时局益加混沌,但京、津间或尚可苟安若干时日"。所以,找工作的困难可想而知。梁启超生怕孩子们意料不到此中艰难,故而一面替梁思成夫妇筹划,一面让他们有这样的觉悟。他提醒儿子,即便回国后暂时没有工作,也不要失望沮丧,因为"失望沮丧,是我们生命上最可怖之敌,我们须终身不许他侵入"。

也许是吸引力法则的作用,常抱乐观态度的梁启超很快为梁思成找好了工作,只是过程波折了一些,长子胡闹了一些。

六、总应该往吃苦路上走

就在梁启超为梁思成的未来作规划时,梁思成却似有点儿小别扭,让老父之心略有受伤。于是,梁启超给长女写信,在咨询梁思顺的意见时,也小小地抱怨了一下长子:"他有点儿胡闹,我在几个月以前,已经有信和他商量,及此他来信一字不提(根本就来信太少),因此我绝不知他打何主意,或者我所替他筹划的事,他根本不以为然,我算是白费心了。"

其实,这一年的梁思成已经二十八岁了,而梁启超也已经五十六岁了。将近而立之年的青年,和将近耳顺之年的老父,自然会有意见相左的时候。在梁启超看来,儿子是少不更事,即便是朋友替他规划,也当尽快回信,更何况是尊长。梁启超觉得,儿子应该理解他,他生性爱管闲事,尤其对于子女的事,有机会肯定要助一臂之力。而在梁思成看来,自己已然成家,不能为老父分忧,还劳老父操心,实在是不该。他觉得,自己的事情自己做,不能没有孝心。

幸好,梁家还有位公正圆融的大姐姐。三十六岁的梁思顺按父亲的"旨意","责备、教导"了弟弟一下。亲父子都少有隔夜仇,更何况是子孝父慈的梁家。于是,梁家父子的通信又频繁起来。

梁启超为儿子找了两所学校任教,分别是清华大学和东北大学。他个人属意东北大学,因为那边的建筑业极有希望,而"清华太舒服,会使人懒于进取"。谁知,梁思成发来电报,询问的却是清华的事情。梁启超立即回信,仔细跟儿子分享了二者的优劣。他是真的考虑过儿子的意见,并付诸了行动。

梁启超虽然也在清华提请聘用儿子,但又撤回原案。因为北京局面大变,清华校务即将停顿,而且"该校为党人所必争,不久必将全体改组"。而让他没想到的是,东北大学本来已安排好,但是发生了皇姑屯事件,张作霖被炸身亡,奉天一下子混乱起来。梁启超不无感慨地对儿子说:"当此乱世,无论何种计划都受政治波动,不由自主。"故此,梁思成能否顺利就业,梁启超也不确定了。

幸运的是，数天后，梁启超就替儿子代收了聘书。虽然奉天乱了，但东北大学未受影响。而且，梁思成的薪酬是初到该校的教员中最高的，每月有薪金二百六十五元。这真是高收入。因为在1928年时，江苏镇海县亩产四百斤的农田，售价是一百四十元；而北京城内一座八到十间房的四合院，每月租金才二十元左右。

在梁启超看来，那边的建筑业大有发展机会，"比温柔乡的清华园强多了"。尽管如此，他还是没有立刻决断，而是先写信给梁思成夫妇，问问他们是否愿意。在他看来，东北肯定不如北京舒服，但是，"有志气的孩子，总应该往吃苦路上走"。

其实，不单对儿子，梁启超对女儿也这样教导。类似的观念，他很早就告诉过梁思顺："生当乱世，要吃得苦，才能站得住（其实何止乱世为然）。"他还告诉女儿："至于快乐与否，全不是物质上可以支配。"他主张："能在困苦中求出快活，才真是会打算盘哩。"

眼下的梁启超，不需求"快活"，"快活"就来了。

七、盼孙

在梁思成夫妇归来前，梁思顺又生下一个儿子。梁家合家高兴之至。其中尤以王桂荃最为开心，因为她早猜到，梁思顺这一胎是男孩。在装饰新人入住的新房时，她都显得异常兴高采烈。最后，她竟将旧房子全部粉饰一新。

作为外公的梁启超，虽然表现得不那么外露，但也是整日满面笑容。也许是上了年纪的原因，尽管这个孩子是梁思顺的第四子，梁启超还是欢喜得不得了,他一直把外孙当亲孙来看待。

半年前,当梁启超得知长女有孕时,便"极欢喜"。他立刻写信给女儿,告诉她:"万不可惜费,致令身体吃亏。"他还说,等梁思永回到哈佛,也可把梁思庄交给她二哥照顾,让长女的行动自由些。

之后,梁启超虽然旧病复发,时好时坏,但他始终计算着长女的生产日期,天天盼着平安喜电。后来,他看到梁思顺和梁思忠的来信,都称这个胎儿为"小加儿",便替孩子取名为"嘉平",小名"嘉儿"。如果是男孩,他还备了英文名字"查理士(Charlie)"。

其实,梁思顺的其他三个孩子,梁启超都很宠爱,也都为其取了名。

梁思顺长女周念慈,英文名Nancy,小名桂儿,为了纪念小Nancy的祖母。

梁思顺长子周同轼,英文名Tomy,小名瞻儿,生于北京。因为他与北宋大文豪苏轼是同一天生日,故而,梁启超取了这个名字。

梁思顺次子周有斐,英文名Philip,小名斐儿,因生于菲律宾。

梁思顺三子就是小名嘉儿的周嘉平了。因他生于加拿大,梁启超便起了这个名字。

不仅如此,梁启超连礼物都备好了。有人送了他一方图章,是明末著名美术家蓝田叔所刻。孔子六十四代孙孔尚任著有名剧《桃花扇》,其中就提到了蓝田叔。而这方蓝氏所刻印章,恰巧是"嘉平"两个大字,旁边还有《黄庭经》五句,且工艺传神、刻制极精。

收到这份礼物后,梁启超就把"嘉平印"封好,随信寄给长女,算作外公给小嘉儿的第一个红包。

在喜气洋洋地寄走红包后,梁启超又喜气洋洋地迎来了新人。当他看到新婚的长子夫妻俩时,发现他们的身体都不弱,几年来的忧虑顿时消失。随后,他写信给海外的孩子们,盛赞了林徽因:"新娘子非常大方,又非常亲热,不解作从前旧家庭虚伪的神容,又没有新时髦的讨厌习气,和我们家的孩子像同一个模型铸出来。"连用两个"非常",在梁任公笔下,还是很少见的。而梁家也的确把林徽因当女儿,他们欢迎新人的高兴,就同欢迎梁思庄回来一般。那只有五岁的"老白鼻",更是一整天挨着二嫂,久久不肯离去。

然而,梁家的这份喜气,在看到梁启超的病情时,立刻消散了几分。

八、去做有价值的事

在梁思顺生产前后,梁启超的旧病本已好了,却又忽然发作。因为,他为了"批阅清华学生成绩,一连赶了三天"。他自认为,只要好生将养几天,一定会康复。谁知,因痔疾复发,他的病反而日益严重起来。

因为生病,他越发想念自己的女儿。平时想得还自可,每到病发时,他就想得厉害,觉得若是长女在旁边,他撒一撒娇,痛苦便减少许多。

《老子》中讲:"常德不离,复归于婴儿。"梁启超对于儿女,本就是感情外露之人,可是,因为孩子们不在身边,上述这些话,他总不愿意讲。如今,也许是年纪大了,也因为再有八个月,梁思顺全家就回国了,他就像孩子一般,想说什么就说什么了。

《老子》中还讲:"含德之厚,比于赤子。"越到晚年,梁启超越爱和小孩子玩耍。当他想到长女归来时,会带着他的一个外孙女和三个外孙,当他想到一群可爱的"小小白鼻接上老白鼻——常常跟我玩",当他想到家里以后的新生活,不由自主地眉飞色舞起来。

事实上,梁启超的赤子心,大约只有一半给了亲人,而另一半则留给了家国百姓。从早年的激进到晚年的温和,从年轻时投身变法到老年时发奋著述,忧国忧民的深情,在他身上体现得淋漓尽致。1913年梁启超恩师康有为为《不忍》创刊号所作十个"不能忍"不也正是梁启超的自我剖白吗?

> 睹民生之多艰,吾不能忍也;哀国土之沦丧,吾不能忍也;痛人心之堕落,吾不能忍也;嗟纪纲之亡绝,吾不能忍也;视政治之窳败,吾不能忍也;伤教化之陵夷,吾不能忍也;见法律之蹂躏,吾不能忍也;睹政党之争乱,吾不能忍也;慨国粹之丧失,吾不能忍也;惧国命之分亡,吾不能忍也。

故此,当他在清华、燕京的讲学未完,又病重不辍著述时,依然念念不忘:"战士死于沙场,学者死于讲堂。"他用自己的言传身教,严格督责家人:"人的生命是有限的,应该让有限的生命去做有价值的事。"身验斯言,何其壮哉!

九、凛凛犹生

从1926年肾脏手术后,到1928年8月入住协和医院,数度缠绵病榻的梁启超,用了大概两年时间,至少写作了《中国历史研究法补编》《先秦学术年表》《民国初年之币值改革》等二十九篇著述。其中,《中国史绪论》《中国图书大辞典·簿录之部》《儒家哲学》《书法指导》《古书真伪及其年代》等著作,都是任公在病床上所写。

梁启超写给家人的信，虽然也有病情汇报，但是往往附有乐观、调侃之语。他几乎从未悲观过。而实际情况是，在旧病复发时，他稍微一劳累，就小便出血或堵塞20到30个小时，有时竟长达50个小时，当真是疼痛难忍。可是，他依然精神振奋，身体稍好，就托人找寻南宋词人辛弃疾的生平材料，开编《辛稼轩年谱》。待得到《信州府志》等书时，他如获至宝，欣喜若狂，携书出院，驰回天津。

晚年梁启超

孰料，该年谱刚编写十多日，梁启超因痔疮剧痛，只得停笔进京，再次入住协和医院。随后，他再次返回天津，却又不慎感冒发烧，体温升高却仍不搁笔。当《辛稼轩年谱》编写到辛弃疾六十一岁时，梁启超执笔已是艰难非常。他一字一停，录下辛弃疾的《祭朱晦庵文》。其最后四句是："所不朽者，垂万世名，孰谓公死，凛凛犹生。"

之后，梁启超停笔，再入协和医院。《辛稼轩年谱》遂成绝笔。

1929年1月19日下午2时15分，以龙卧之才，建震天之业的梁启超溘然长逝。一代奇人，至此陨落。

遗憾的是，梁启超去世时，他心爱的孩子们梁思顺、梁思永、梁思庄、梁思忠均在海外。天人永隔，何其痛矣！

任公逝后，其家族于1929年2月17日开吊。其时，北平各界与广东旅平同乡会在广惠寺公祭梁先生。除清华大学研究院、松坡图书馆、司法储才馆等团体外，熊希龄、丁文江、胡适及梁启超门人五百余众亦皆到场。

在广惠寺内,祭台前用素花扎成牌楼,缀以"天丧斯文"四个大字。内佛堂则为三千余件祭联、哀章所布满。梁思成、林徽因、梁思懿、梁思达、梁思宁、梁思礼等均麻衣草履,俯伏帏内,稽颡叩谢,泣不可抑。

就在同日,上海方面亦设席公祭,由陈三立先生及张元济先生等主持其事,有孙慕韩、蔡元培、姚子让等吊客百余人纷至,还有学生、商人及素昧平生的军官专来吊祭。其中之锐士声言:"论私益则知识及立志悉仰新会之启迪感化,论国事则振发聋聩为革命造基业,新会之功不亚孙、黄,故虽绝无交谊,特来致敬。"

此外,细心的人会发现,为梁公作挽联的吊客,都很特别,而其中尤为特别者,为章太炎。曾经有人认为,在中国近代的无数人杰中,能开风气之先、领袖群伦,堪称泰山北斗的人物,唯梁启超、章太炎两人而已。

差点做了梁启超的清华同事,还曾经抽了梁启超一个大嘴巴的章太炎,于腊月里就听说梁启超病笃,却没想到未及问候,就看到了讣文。他自认为,所写的挽联并不特别,却能写出梁任公的心迹:

进退上下,或跃在渊,以师长责言,匡复深心姑屈己;
恢诡谲怪,道通为一,逮枭雄僭制,共和再造赖斯人。

第六章
一门九子皆才俊

梁启超逝世后,梁思顺全家辗转回国,但是,已经无法再见父亲一面了。她强忍悲痛,和弟妹们一起料理父亲的身后事。在天津家中,她一边安慰着伤心的王桂荃等长辈,一边照顾着自家孩子和梁思礼等弟妹,还要联系、关照不在身边的亲人们。其中,她尤为关注的是林徽因。

第一节　连枝且同气

在梁启超去世时，林徽因已经怀孕。可是，她一点儿也不娇气，跟着丈夫和其余梁家人共同操办公公的身后事。而此时的梁思成，不仅要担负起为人夫的责任，而且要承担起梁家长子的责任，更要履行系主任的职责。因为，他在东北大学创立了国内第一个建筑学系。

一、新生

梁思成的担子之重，林徽因明白，梁思顺明白，梁家人也都明白。所以，大家彼此扶持、互相牵挽着走过了离开梁启超的日子。

在梁任公西游七个月后，梁、林二人的长女出生了。这位生于1929年8月的孩子，有着大大的眼睛、挺直的鼻梁，像她的生母一样，漂亮又招人疼爱。因为她的爷爷梁启超别署为"饮冰室主人"，她被取名为梁再冰。她的新生，让梁家再度充满喜悦和奋发的力量。其中，尤以她的大姑最为努力。

为了使父亲的思想能够被更多人了解,梁思顺把精心保存的家书进行了整理。随后,她把这些信件交给了丁文江,以方便研究之需。

丁文江是梁启超的好友,他在2月份公祭时的挽联,也引起了大家的注意。他写道:

生我者父母,知我者鲍子;

在地为河岳,在天为日星。

上联出自《史记》的《管晏列传》,下联则化自文天祥的《正气歌》:"天地有正气,杂然赋流形。下则为河岳,上则为日星。"这一副挽联不仅表现了二人的友谊,而且饱含对梁任公的敬佩之情。故而,在梁启超去世后,很多朋友都盼望丁氏写任公传记,而丁文江也下定决心,要写一部新式的《梁启超传记》。所以,在与梁氏家属商议过后,丁文江开始广泛征求任公书札。

信件征集工作进行得极为成功。首先,因为梁启超早岁成名,他的信札多被朋友们保存。其次,众人都认为,梁任公的文笔可爱,字也可爱,他的信札都是纸精、墨好、字迹秀逸,值得收藏。最后,也是比较重要的一点,那时的国势虽然不妙,但是还没有大的战乱,诸多学者还未流离,名人墨迹还是比较容易保存的。于是,丁先生征集到的遗札和家信,居然将近一万封。特别是梁思顺保存的家信,成为了解梁启超晚年思想和心路历程的珍贵文献。

后来,这些资料成为《梁启超年谱长编》的重要素材,是后人研究梁任公的基本参考书。这是后话了。眼前的梁思顺,还有一件开心事,而这事,也可算两件喜事。

二、梁、李联姻

1930年,梁思永从哈佛学成归国。这是梁家一喜。梁思永归来,肯定会结婚的。这是梁家二喜,也是梁家公开的秘密。

梁思永心爱的女子,是李蕙仙的侄女李福曼。众人皆知,李福曼未及金钗之年,就来到了梁家。她和梁思永青梅竹马,一起长大。1928年,梁思永回国考古时,在清华大学研究院工作,离李福曼就读的燕京大学很近,二人便常常相见。于是,梁思永返回哈佛后,就经常给李福曼写信。没料想,李福曼当时住校,这些信全被她的弟弟先看了。后来,这件事让李福曼觉得很遗憾。其实,他们二人交往的事情,梁家上上下下、大大小小已经全都知道了。

早在梁思永出国前,李蕙仙还健在,她很赞成二人的亲事,就说:"福曼是我家的人啦!"当时,梁思宁还是小孩子,就知道对李福曼说:"我知道,你是三嫂。"所以,梁思永这次归国,给李福曼定做了钻石金戒,还做了一对纯金戒指作为订婚信物。

这事让梁思顺很开心。随后,她与丈夫在北平买了房子。如果她早两年回国,北平还是北京。但是,偏偏就晚了那几个月,地方的名称变了,父亲也不在了。物是人非,难免伤感。幸而,还有娘家人陪着她。

梁思永在婚前也跟着姐姐姐夫住,就住在东直门大街。那是一所精巧的房子。院中有假山,山上有草亭,附近种了很多树,梨树、杏树、桑树、柏树等点缀得整座房子生机勃勃。而后院的东厢房,就是梁思永的住处。

一天夜里,梁思永睡得正熟,忽然听到门响。原来,是梁思顺家养的狼狗在扒门。这犬名叫菠萝,十分通人性。它边扒门边发出怪声,直到吵醒梁思永。可是,梁思永很瞌睡,就没起身。没想到,菠萝继续扒门,梁思永只好出门看看。谁知,狼犬立即咬住梁思永的衣襟,拉着他朝厨子的房间走去。还未进门,梁思永就发现了异样。他立即开门开窗,让因煤气中毒的厨子慢慢缓了过来。后来,这件事传扬了出去,人们都赞菠萝是"义犬救主"。但是,梁家人随后却并不太关注这事。因为,他们要再次准备梁、李联姻了。

梁家的老人们还记得,那是四十年前的事了。当时是光绪十七年(1891),梁启超入京迎娶李蕙仙,两家正式成为亲戚。如今,梁思永和李福曼的成婚,可谓亲上加亲,两家都很高兴。在1931年1月,双方亲友齐聚北平协和礼堂,热热闹闹地庆贺梁、李再联姻。婚礼前,林徽因给新娘子化了妆。梁思永这一辈能赶过来的兄弟姐妹悉数到场。大家为两位新人举行了浪漫而喜庆的婚礼。

之后,不到三个月,对事业非常执着的梁思永就告别妻子,前往河南参加考古发掘工作。出发前的他,并未想到此行的曲折和奇遇。

三、兄弟既翕

梁思永走后,梁思顺并不觉得娘家走动减少。因为,梁思庄回国了,并在北平图书馆从事编纂工作。随后,梁思成一家也从东北回来了。只不过,二者归来的缘由却大不相同。梁思庄是因为顺利毕业,获得了美国哥伦比亚大学图书馆学学士学位。梁思成却是因为"九一八事变"。

此次事变是日本长期推行侵华策略的必然结果。但对于寻常百姓而言，却是意外灾难的开始。其实，早在事变前，东北大学的夜晚就颇不宁静。半夜的枪声、马蹄声，普通人尚且受不了，更何况幼女弱妻。于是，梁思成在事变前带着全家回到北平。他的决定作得很及时。因为事变后，奉天立即被侵占。到了次年2月，东北全境沦陷，日本建立了伪满洲国傀儡政权。这是后事。只说梁思成回到北平后，有几件事他要着手了。

首先，梁思成对自己今后的学术事业作了长期规划。从1931年到1937年，他几乎走遍了整个华北。

其次，梁思成要探望自己的兄弟梁思永。他们哥俩自幼就亲近，如今回国，却难得相聚。做哥哥的一定要看看弟弟，才会放心。而梁思成探望梁思永的时机，也是难得的巧。

梁思永本在河南考古，后又于秋季转道山东，参加发掘工作。之后，他再赴河南，继续春季未完的工作。这次去河南，他惊喜地发现了三叠层，明确了仰韶文化和龙山文化两种新石器时代遗存的先后顺序。这成为中国考古学史上划时代的重大发现。梁思永为之兴奋难已，而令他高兴的，还有喜讯传开后的兄弟重逢。

见面时，梁思成身着西装皮鞋，梁思永却是长衫布鞋，鞋子上还有一个洞。二人一中一西，看起来却是非常和谐。兄弟二人在遗址开挖的台阶上，留下了一张珍贵的合影。

此外，这次对兄弟的探视，让梁思成也考察了一些古建遗址。但是，他却不能长期留在河南，而是匆匆返回北平，去做本年度必须要做的最重要的一件事。

梁启超去世后，并未葬入坟园，而是停灵在广惠寺内。梁思成作为孝子，要将父亲迁往香山，与母亲合葬。此刻的他，绝对想不到，在葬父之后，会失去另外一个兄弟。

第二节　棠棣久飘零

为了迁葬梁启超,梁思成和妻子林徽因合作,共同设计了墓碑。碑体采用大理石,高2.8米,宽1.7米,形状似榫,古朴凝厚,阳面镌刻"先考任公府君暨先妣李太夫人墓"十四个大字。墓碑没有碑文,也没有任何表明墓主生平事迹的文字。因为,这是梁启超的遗愿。

在立碑时,碑文阴刻有梁启超所有孩子的名字。谁都没想到,第一个来这里陪伴梁启超的,是他的三子梁思忠。

一、上校之死

梁家人皆知,梁启超的第三个儿子梁思忠与其他兄弟不同。跟他的哥哥们相比,他对学术的兴趣不那么浓厚,却对军事很感兴趣,对政治也很有热情。清华毕业的他曾被父亲劝阻,没有参加北伐,而是在弗吉尼亚大学学习。之后,梁思忠进入美国历史最悠久的军事学院之一——西点军校。在那儿，他如鱼得水，修完炮兵科的学业后顺利回国。

归国后，梁思忠便加入了国民革命军。由于他家学渊源、资历出众、表现杰出，很快便升任十九路军的炮兵上校。梁思忠没想到的是，一位孙姓护士也追随他来到了中国，并紧跟着他的职业选择来到上海。于是，二人便结为了夫妻。

可是，甜蜜的时光总是那么短暂。1932年1月28日，日军在上海发动侵略战争，蔡廷锴、蒋光鼐率领十九路军英勇抵抗。梁思忠所属的炮兵部队也参加了战斗，他的表现英勇又出色。

谁知，战斗中的梁思忠误喝了脏水，得了腹膜炎。众人无论如何也想不到的是，他的太太在护理他时，开错了药方。结果，几粒止痛药断送了梁思忠的性命。一心投笔从戎的青年，一位名校毕业的英才，一个作战勇猛的士兵，一名年仅二十五周岁的上校，没有马革裹尸，而是死在了病床上，不由得令人喟然长叹。

事后，痛不欲生的孙护士，无颜再见自己的婆婆王桂荃和梁思忠的兄弟姐妹们，便逐渐和梁家断了联系。而梁思忠去世后，被葬在了梁家坟园甬路的西侧。想当初，梁启超在协和医院割肾时，梁思忠就代替姐姐哥哥们陪在父亲身边。如今，在翠柏森森中，他继续陪在父亲身边，继续聆听父亲的教诲，永远不再分开。

梁思忠的去世，对于梁家是惨怛至极的事。而让他们更担心的还有梁思永。梁思永对待工作，像梁启超一样拼命。他在野外作业时，和挖掘工人一起干活，不怕脏、不怕累，还时常挑灯夜战，通宵达旦。这让亲历任公久病的梁家人如何不操心？果然，梁思忠去世后，梁思永也住院了。

二、苦"挖地皮"

众人皆知,梁思永的专业是考古,需要参与遗址发掘。故而,梁启超还在世时,就戏称他是"挖地皮的永永"。

梁思永对"挖地皮"不仅情有独钟,而且亲力亲为。他和工人们同甘共苦之时,经常卷起裤脚,泡在水中,几个小时都不离开。故而,他的饮食也无法规律。当工作紧张无法离开现场时,他就啃点馒头,喝点凉水,始终守在遗址旁边。特别是为了进度不受雨季影响,他和同事们废寝忘食地赶工,不惧艰苦,不畏繁难,忘我地盯着一件一件文物的出土。

就在这样高强度的辛劳下,1932年春夏之交,他感冒了。但是,他为了继续工作,就没有及时治疗,直到高烧难退,被送进北平协和医院,才得知小病变大,转成了急性肋膜炎。治疗时,医生从他的胸部抽出四瓶积水,颜色像啤酒一样。真让人难以置信他是如何坚持挖掘工作的。

梁思永的病,让梁家人又急又怕,特别是李福曼。她虽然已有身孕,但仍然日夜守在丈夫身边,直到梁思永出院。随后,梁思永被送到香山玉皇顶疗养了一段时间,好转后才回到自己家中调理。他在赵堂子胡同买了房子,婚后就在那边居住,距离大姐梁思顺家并不远。

休养中的梁思永,和兄弟姐妹们特别关心的一件事,就是《饮冰室合集》的编辑工作。梁启超在去世前,将所有手稿交于林志钧审定发表,即为《饮冰室合集》。林志钧虽然比梁任公小五岁,却向来为梁启超所钦佩,也是梁公在清华的同事。当然,林先生也对梁先生敬佩有加,并视之为至交。1932年8月,林志钧为《饮冰室合集》作序,写道:"任公之为人,款挚而坦易,胸中豁然,无所盖覆。"非是契友,何能作此言?

就在林志钧作序的同时,梁家又添一喜事。梁思成长子、梁启超长孙梁从诫出生了。他的名字和父母的婚礼一样,都与《营造法式》的作者,同时也是梁思成苦心研究的北宋建筑家李诫有关。

这位小侄子的诞生让梁思永很高兴,但并不羡慕,因为他也要有自己的孩子了。

三、梁、吴联婚

1933年对梁家来说,可谓喜事连连。先是4月里,梁思永的女儿梁柏有在上海诞生,这也是他唯一的孩子。接着,梁思懿从南开女中毕业,顺利考入燕京大学医学预备班,准备学习三年后进入协和医院。而到秋天,梁家的"小宝贝庄庄"就要结婚啦。

梁思庄的婚姻如同梁思永的婚姻一般,都是全家认可、皆大欢喜的亲事。她的丈夫叫吴鲁强,是梁思永的好友,也是当时最年轻的教授之一。其实,梁思庄少年时就已见过吴鲁强。当时,吴鲁强和梁思永一起听梁启超的课,又把梁任公的一些论著翻译成英文。故而,他可去天津的梁公馆拜会梁启超。那是1920年的事情了。当时的梁思庄只有十二岁。

后来,梁思庄留学加拿大,每到节假日就去美国找哥哥们,并受到吴鲁强的追求。渐渐地,二人修成正果,也得到了梁家上下的祝福。

农历八月二十六日,梁思庄和吴鲁强在北平著名的协和礼堂举行了婚礼。主婚人是梁启超的二弟梁启勋。礼堂的布置、礼服的设计、新娘的装扮,都由林徽因一手操办。伴娘是梁思庄的妹妹梁思懿及梁思顺的长女周念慈,撒花的花童是梁思成的长女梁再冰,捧着戒指托盘的则是梁思顺的幼子周嘉平。

婚礼中,还有一个小插曲。当梁思庄穿着洁白的礼服缓缓走进大厅时,新郎吴鲁强突然流起鼻血。后来,梁思庄还时常想起这件事,她认为这是个带有预兆意味的细节。不过,当时的俩人,眼里只有彼此,哪管什么吉与不吉。

幸福的婚礼过后,梁思庄便跟随丈夫回到广州,她受到了吴家人的热情欢迎。吴鲁强的父亲吴鼎新在广东省很有威望。作为爱国华侨,他一生从教,深受国外华侨信任。他毕业于北京的京师大学堂,对梁启超很敬仰。故此,他对梁思庄也十分疼爱。同时,他又很开明,任凭孩子们自由安排自己的生活。

当时的广州闷热而潮湿,屋子窗户小,苍蝇也很多,使水土不服、语言又不便的梁思庄不大适应。她非常想念北平的亲人。可是,当吴鲁强问她是否要回北平时,她还是坚持留在广州。因为,吴鲁强已被聘为中山大学教授。后来,梁思庄在广州图书馆找到工作,学有所用,日子越过越好。

很快,这个温馨的二人世界就变成了三口之家。1934年8月10日,梁思庄的女儿出生了。因为这个小宝贝生在荔枝湾医院,又住在启明三马路,吴鲁强就为她取名吴荔明,小名叫"BooBoo"。对于吴、梁夫妇来说,这个孩子来得太不容易了。

由于难产,梁思庄受尽苦痛。最终,医生用产钳将孩子夹了出来。好在，梁思庄最信任的娘王桂荃始终陪在她身边，使她得到极大安慰。

王桂荃看到梁思庄分娩的痛苦，她心疼女儿，也心疼外孙女。因此，等到梁思庄母女出院回家，她便着手安排了女儿和外孙女的一切事务。但是，满月过后，她必须要回天津了，因为那里的家人也在等着她。王桂荃想不到的是，操心完一个女儿，她又要接着操心另一个女儿了。

第三节 羁离各长成

梁启超三女梁思懿,生性豪爽,颇似男儿。正如她的昵称"司马懿"那样,她也是"常慨然有忧天下心"。同时,她思想进步,行动活跃,颇有其父当年风范。从1935年开始,她便开始投身学生运动了,这让王桂荃如何不担心。好在,梁思懿的哥哥们比较让王桂荃放心。

一、兄妹各不同

就在梁思懿参加轰轰烈烈的运动时,梁思达从南开大学商学院毕业了。紧接着,他又在南开经济所读硕士研究生,能够经常陪在母亲王桂荃身边。其实,时年二十四岁的梁思达,自幼就是母亲的好帮手。

作为梁启超最后一个生于日本的孩子,梁思达的名字是由梁宝瑛取的,大概有"达则兼济天下"的意思。因为,他出生时,梁启超已经提前返回中国了。他出生的第二年,梁家全家也离开了日本,来到天津安家。

所以，他对日本并没有深刻的印象，反而像是土生土长的天津人。

在饮冰室建成前后，梁思达的哥哥姐姐们都先后出国。于是，他成了家里的"老大哥"。他身体很弱，又有严重痔疮，时不时就感冒。但是，他非常聪明，无论耽误多少功课，都赶得上来，且成绩很好。因此，他在弟妹们眼里很有威信。尤其难得的是，他自小就温文尔雅，给弟妹们辅导功课时，不论他们怎么闹，不管他们怎么学得慢，他都从不发脾气。在他和其他长辈的影响下，梁家始终保持着温馨、柔和的学习氛围。

此时的饮冰室，虽然不及早年热闹，却也是充满欢声笑语。尤其是十二岁的梁思礼和三岁的梁柏有，时常让王桂荃开心得合不拢嘴。而就在梁思达毕业的这年夏天，梁思礼和梁柏有在饮冰室楼前的台阶上合照了一张相。年龄相差不算很大的叔叔搂着侄女，好似一对兄妹。而在近七十年后（2002），两人还在同一个地方，又用同样的动作，再次并肩合了影。一切，仿佛都在昨天。这是后话了。眼前的梁家，最担心的是梁思懿。

1935年12月9日，一二·九运动爆发。担任燕京大学"中华民族解放先锋队"大队长的梁思懿自是一马当先。在游行中，她与同学们会集至新华门，高喊着"打倒日本帝国主义！""收复东北失地！""武装保卫华北！"等口号，直至游行队伍被打散。

作为燕大游行示威的领袖，梁思懿与王若兰等人被称为"燕京三杰"，这使得她面临被捕的危险。于是，梁家人先设法把她藏在梁思成家，之后又想送她去南方。总之，他们都希望这个妹妹平平安安的。谁知，这个妹妹刚安稳下来，另一个妹妹又传来让人担心的消息。

二、雁失其侣

1936年1月,梁家人先关注的是丁文江的逝世。他们在沉痛悼念了这位任公好友之后,收到了《梁任公先生年谱长编》初稿。这部年谱的很多地方还能看出是草稿,没有经过最后的整理和审定。原来,是丁文江的朋友将这部初稿油印了几十部,分送给梁启超的家属和朋友,请他们审查,附加评注,然后寄回。之后,梁思顺、梁思成、梁思永、梁思庄汇齐油印本上收到的意见,并商量着请位老一辈的学者进行修改。

就在此事运作时,梁思庄却碰到了痛苦的关卡。1935年年底,吴鲁强为了对《周易参同契》等著作进行探讨,专程去香港向许地山请教。不料,他在那里染上了伤寒。当他带着大批资料回到广州时,伤寒病发作了,而且病势猛烈。在弥留之际,吴鲁强始终保持着清醒,他握着梁思庄的手,呼唤着"庄庄,BooBoo"。之后,他带着对妻女的深爱与对事业的遗憾,离开了世间。那天是1936年1月30日,他从发病到逝世只有二十多天。

消息传到北平,梁家人惊呆了。尤其是梁思永,他无论如何也不肯相信。梁思顺也觉得像做梦,无奈,电报明明白白地搁在眼前。然后,梁思顺以长姐的气魄迅速冷静下来,通知了所有在北平和天津的亲人——梁启超二弟梁启勋、梁启超七弟梁启雄及梁思成、梁思永、梁思懿等人。大家齐集于梁思成的家,开始商议办法。

经过四个小时的商量,梁家人决定,由梁思顺去广州,把梁思庄母女接回北平。他们害怕梁思庄不同意,还事先写信商量,并在信中好好地劝慰了梁思庄一番。

忽遭丧夫之痛，恐怕任何一个女子都难以承受，更何况那么幸福、那么年轻的梁思庄。但是，远方亲人的一封封来信，给了梁思庄极大的安慰和支持。她没有被悲痛压垮，而是理智地处理着丈夫的后事，并细心地照看着女儿。随后，她带着小BooBoo回到北平，得到家人真诚的接纳。

三、姐妹情深

时人常说："长兄如父，长嫂如母。"梁思庄来到北平后，最先也是住在梁思成家中的。不过，她和林徽因这对姑嫂的相处，可不像母女，而是像亲昵的姐妹。"徽音对庄庄那种亲热"早在十年前，就已被梁启超夸赞过了。如今，虽然梁思庄是寡居，二人的情谊却没变。

也许是都做了母亲的缘故，林徽因对梁思庄的爱很多都转移到了吴荔明身上。在梁思庄母女刚到北平时，她就外出考察了。但是，她很挂念她们，写信问梁思庄："你现在是否已在北屋暂住下？BooBoo住哪里？"等她回到北平，见到可爱的小吴荔明，就更喜欢了。

林徽因常带着吴荔明和自己的孩子，以及梁家的其他孩子们一起玩儿。他们还拍了好多照片。其中一张是林徽因扶着吴荔明骑木马，而她的女儿梁再冰站在后面。还有一张是吴荔明和梁从诫骑在毛驴上，林徽因就在旁边扶着两个孩子。每张照片透露出的，都是满满的爱与温情。

林徽因最喜欢吴荔明的地方，还是她的"胖劲"和"吃劲"。有一天午饭，小吴荔明直把经过风雨的林徽因吓了一大跳。原来，不到两岁的小BooBoo吃了十几个大饺子，比林徽因吃得还多。她直担心孩子吃坏了，结果，小BooBoo一点儿事也没有。

这样的关爱一直延续了十六年。那时，林徽因的身体早已大不如前，却还时常探望梁思庄母女。她知道吴荔明最喜欢吃冰棍，就常常用一个小广口瓶装着满满的冰棍带过去。快到门口时，她就使劲叫："BooBoo! 冰棍来啦！"而已是大姑娘的吴荔明就飞奔出去："二——舅——妈！欢迎冰棍！"

随后，看着进屋的林徽因，梁思庄必定要问："Are you all right?"（你身体好吗？）而林徽因必定会点点头。她俩的交谈常常夹杂很多英文，但唯有这句，是梁思庄说得最多的。这是后事了。1936年，梁思庄在大哥家没住多久，很快就被大姐接过去了。

梁思顺对梁思庄这个妹妹，是与其他兄弟姐妹不一样的。她比思庄大十五岁。而且，在梁启超早年留洋的几个孩子中，梁思庄最小。故此，她几乎掌管了梁思庄从生活到学业的一切事宜。如今，爱妹遭遇苦痛，她是肯定要留梁思庄在自家多住一些时间的。

梁思顺和林徽因一样，都特别疼爱吴荔明。小BooBoo刚学会说话，不会叫梁思顺"大姨"，只会叫"妈姨"。而梁思顺也很赞成这样的称呼，她把小BooBoo当成自己的小女儿。她的四个儿女就是小BooBoo的亲姐姐和亲哥哥。当然，这样的爱是生长在对梁思庄的爱之上的。

有一次，梁思庄给小吴荔明剪指甲。忽然，一片指甲崩入梁思庄眼中。顿时，她疼得睁不开眼，痛得一动不动，只剩下泪流满面。小BooBoo见妈妈不说话了，吓得大叫"妈姨——妈姨——"。

梁思顺听到吴荔明几乎变调的大喊，也吓坏了。她赶紧跑过去，冷静地、使劲地吹梁思庄的眼睛,然后用眼药水洗眼睛。过了一会儿,梁思庄觉得好了,便睁开眼,笑了。在小小的吴荔明眼中,妈妈的笑容透着温馨,而"妈姨"就是她们娘俩的保护神。这也是后话了。

回到北平的梁思庄,并不靠姊妹兄弟接济。她重回燕京大学,在图书馆任西文编目组长。她眼见着,妹妹梁思懿走上了不同的道路。

四、各赴征程

1936年春,就读于燕京大学医学班的梁思懿不想念书了,因为她发现自己对社会活动和历史更感兴趣。于是,她转入了历史系。之后,她便加入了中国共产党。

此时,梁思成和林徽因正在野外考察。林徽因还写信给梁思庄,生动描写了自己的经历。由于在建筑方面没有什么发现,所谓的大庙不是全是"垃圾",便是清末不相干的房子,这让林徽因很失望。而且,他们每去一处都是汗流浃背的跋涉,走路时间又是白天最热的时候。在吃不好、休息不好的情境下,林徽因还被跳蚤咬了一身包。

同时,梁思永则转到南京中央研究院的历史语言研究所工作。他在工作中,几乎忘记了时间流逝。他的工作计划被打断,则是次年7月的事情了。

1937年7月7日,卢沟桥事变爆发。中华民族近代以来抵抗外敌时间最长、规模最大、牺牲最为惨烈的战争,由此拉开序幕。国既乱,家难全。梁家这样一个大家庭,不得不"各在天一涯"。

当时,梁思永全家都在南京,他们按上级指示,随着单位撤离,开始了逃难生活。梁思成全家也同样如此。幸运的是，两兄弟后来能够重逢，共同抵御这段艰苦岁月。

梁思懿则参加了平津流亡学生集训班，随后南下南京，进行抗日请愿。同年12月，她转移到江西吉安，从事农村妇女教育工作。

刚巧，梁思达在这一年研究生毕业。七七事变时，他正在参加济宁实验区的工作。事变后，他没有回天津，而是到农本局工作，随后跟着单位迁到重庆。

此时，王桂荃带着梁思宁和梁思礼仍然住在天津。抗战爆发后，梁思宁便失学了。由于社会大动乱，她找不到工作，也无法出门、访友，终日困在租界里。而梁思礼本在南开中学读书，由于学校被迫迁往重庆，他只得转入耀华中学。在天津沦陷后，他亲身体会到了"亡国奴"和"顺民"的耻辱。

这时候，留在北平的梁家人，就是梁思顺和梁思庄了。她们同样面临着巨大的危险和压力，尤其是梁思顺。

第四节　无边家国事

"虎父自无犬子，巾帼不让须眉。"梁家子女不论做什么事，不论从事什么职业，都隐隐透着几分宁折不弯的气质，颇似其父梁任公。

一、鸳鸯失偶

北平沦陷后，不少留日的维新派学生在伪政府中任职。他们都晓得梁思顺的大名。而梁思顺的日文的确典雅又流畅。于是，梁思顺受到日伪政府的重视，并被动员与日伪合作。可想而知，这个要求被梁思顺夫妇拒绝。为了避免与日本人有所牵连，夫妇俩只和爱国的知识分子、教授们与协和医院的大夫们，以及一些国外的宗教界、教育界人士往来。这段时间，他们不但面临巨大的精神压力和政治压力，经济压力也很大。

因为北平被占后，梁思顺的丈夫周希哲就不工作了。他既不愿替日本人做事，又不愿给国民党干活。而且，他自回国后就脱离了外交界。故此，他在家里的时间越来越长。

周希哲由于早年担任外交官的经历，辗转于菲律宾、加拿大等国，饱受压力，得了高血压。因为患病，他每天早上都会大喊大叫发脾气，但是，吃完早饭就恢复正常。连生病都是规律性发作，可想而知，在其他方面，周希哲又多么规矩。但是，有一件事，他绝对不按当时的礼数来。

众人皆知，周希哲担任多年外交官，经历无数大场面，还懂得各种礼节。然而，不管在什么场合的餐桌上，不论宾主身份，只要他的夫人梁思顺在场，那么，周希哲第一个布菜的人，肯定是梁思顺，客人、孩子全都往后排。他的这种习惯，常被梁家人笑话，可也足见周梁夫妻间的感情。

无奈，恩爱夫妻不到头。1938年春，周希哲上街时，中风倒地。随后他被送到协和医院，只过了几天就去世了。

原来，周希哲走过岗哨时，不给日本兵行礼，就挨了耳光。本就患有高血压的周希哲，如何受得了这种侮辱和刺激。于是，他在骑车时就中风倒下了。遗憾的是，过不了多久，周念慈就要从燕京大学毕业了。周希哲终究没有赶上长女的毕业典礼。

白头鸳鸯失其伴，四十六岁的梁思顺所承受的痛苦可想而知。随后，她带着孩子们和梁思庄、小BooBoo一起搬到燕京大学。直到太平洋战争爆发，梁思庄南下，梁思顺才搬出燕大。但是，她始终保持着自身的高洁，决不为日本人做事。

就在梁思顺承受苦痛之时，她的弟妹们也都各有际遇，于河山破碎之时，仍然保持着梁家人的本色。而梁思顺也依然不忘关心弟妹。1939年，她先去信问候的，是一位俞姓女士。

二、兄妹重逢

当梁思达跟随单位撤到重庆时,认识了漂亮能干的俞雪臻,他们便在重庆举行了简单的婚礼。由于重庆是大后方,时常遭到日本飞机的轰炸,梁思达的兄弟姐妹们便没和新娘子见过面。不过,他们都收到了俞雪臻身披白纱的美丽结婚照。

在敌机的轰炸声里,俞雪臻也收到了婆家两位姐妹的问候。梁思顺和梁思庄到底不放心,便写信去慰问新婚夫妇。俞雪臻也回信报平安,并希望看到姐妹们和外甥们的照片,"因为咱们不知到何时才能见面"。

不知何时才能与梁思达夫妇见面的,还有梁思成与梁思永两家人。在梁思达结婚的前一年,梁思成和梁思永终于在昆明重聚了。那时候,他们住在一个粮库里,生活艰苦,却也有很多乐趣。

他们结识了很多朋友,互相来往也很多。每逢有人家生孩子过满月,必送一筐红鸡蛋。有一次,梁思永的女儿梁柏有趁父母不在家,一下子吃了好多红鸡蛋,结果挨了一顿打。

为了生活,梁思永的妻子李福曼和其他教授的妻子一样,经常在街边摆地摊,变卖家中衣物。因为梁家同当时很多知识分子家庭一样,已经贫困到捉襟见肘的地步了。

1939年,梁思成、梁思永两家又跟随单位,迁到了四川李庄。在艰苦和清贫的生活中,他们见到了前来探望的梁思庄母女。

见到哥哥们的生存环境,梁思庄几欲落泪。李庄交通不便,气候潮湿,冬季阴雨绵绵,夏季酷热难耐。而梁思成一家住在一间低矮的小屋里，阴暗闷湿。墙皮是竹篾抹泥建成，顶棚是蛇鼠出没之地，床上又常有成群结队的臭虫。没有自来水，没有电灯，煤油也需节约使用，夜间只靠菜油灯照明。

林徽因已经瘦得几乎不成人形了。她躺在一张小帆布行军床上，因肺结核病复发，连续高烧四十摄氏度不退。但是，李庄没有任何医疗条件，当时也没有治疗肺病的特效药，病人只能靠体力慢慢煎熬。而当看到思庄和小BooBoo时，林徽因笑了，笑容一如既往地美丽。

三、"清炖"衣服

梁思庄的到来，让林徽因感到很安慰。她们有说不完的话，而且常常是中英文夹杂。林徽因身体虽弱，却仍然快言快语、思路清晰；而梁思庄坐在一旁，则是比手画脚、又说又笑。

由于屋子太小，梁思成便让儿子梁从诫带着表妹吴荔明出去玩耍。梁从诫淘气又懂事。他虽然不到十岁，但是跑遍了李庄的各个角落。在小BooBoo眼里，这个哥哥十分灵巧，房前一株树，一下子就能爬上去。于是，两个孩子就这样搭伴儿，在一座小山上玩儿，直到吃饭时间才回家。

梁思成家的饭菜，很多时候是男主人动手。为了使林徽因能吃得好一些，梁思成学会了蒸馒头、煮饭、做菜，甚至用橘子皮做果酱。此外，他还是林徽因的"特别护士"，学会了专业医师掌握的静脉注射技术。

虽然物质条件很差，但是梁家人的精神生活很充实。因为梁思成有两点从来没有放弃过。

一是乐观。当物价飞涨，家里揭不开锅时，梁思成不得不把家中之物拿去当卖。这时，他会跟家人开玩笑："把这只表'红烧'了吧。"或者，他拿起件衣衫，幽默地问："这件衣服可以'清炖'吗？"

二是学术。在主管着自己和梁思永两个家庭的同时，在照顾岳母、儿女、妻子和兄弟的同时，他一边为恢复中国营造学社而筹款，一边不顾一切地从事学术研究。他还亲自去调查四川的古汉阙，并亲手画图，即使是天气热到要不住地擦去手臂的汗珠，他也没有停下手中的画笔。

在这些方面，梁家兄弟真是像极了他们的父亲，"除睡觉之外，没有一分钟一秒钟不是积极地活动"。梁思永在颠沛流离的生活中，在身体虚弱多病和家庭负担沉重的情境下，仍然一有机会就取出标本，一边整理，一边构思自己的论文。1939年，他为"第六次太平洋学术会议"提供了论文，全面总结了龙山文化。五十年后，大家惊讶地发现，后人对龙山文化类型的进一步划分，依然源于梁思永当年的创建！

总之，梁思成等人在大后方生活，苦是苦了些，至少还能维持人格尊严。生活在沦陷区的梁家人，却时时处于亡国的恐惧中。

四、小妹参军

中华人民共和国成立初期，陈毅元帅曾对梁思成说："当年，我手下有两个特殊的兵，一个是梁启超的女儿，一个是章太炎的儿子。"陈毅元帅所说的梁启超的女儿即梁思宁。

天津被占领后，梁思宁就被梁家人限制出门了。因为，众人眼睁睁看着沦陷区化为了人间地狱。女子被欺辱，男子被欺凌，呻吟、咒骂、哭号……日夜不息。

当时，梁家住的地方是意大利租界。离意租界两里多地的非租界区，有一座孤零零的铁皮仓库。顺风时，王桂荃和梁思宁及其他梁家人，时常能听见阵阵惨叫，有时则是像野兽般的怒吼声。一天晚上，王桂荃和梁思宁碰到一个残疾人才得知了真相。原来，这人是个大学生，被外国人拉进那里，并被强迫跪在烧红的油桶上，直到痛晕了，才被扔出来。他向王桂荃母女哭诉："那个仓库是个试验新刑具的杀人场呀！"

王桂荃和梁思宁听得泪流满面、义愤填膺。母女俩觉得心痛不已，但又束手无策，只得给了他一些钱。王桂荃说："真是畜生！该死的小日本，你们家里没有妻子老小吗？！"梁思宁也十分难受。但她怕增添母亲的愁绪，只得把自己的所见所闻所感写信告诉姐姐，渐渐地作出了人生的重要选择。

此时，梁思顺正在北平，坚辞日伪政府的任用；梁思懿则在上海，组织女工夜校，培养了大批女工成为工人运动的骨干。有梁思顺这样的大姐，还有加入中国共产党的梁思懿做榜样，梁家这一辈的小妹妹梁思宁的选择，也就不令人意外了。

1940年3月底，梁思宁在姐姐的介绍下，认识了王若兰。王若兰参加革命多年，已改名康英，她向梁思宁介绍了共产党的概况。之后，她带着梁思宁经历了关押、审问及特务的试探，来到了江苏新四军的一二三支队司令部。

当支队的政治部主任找梁思宁谈话时，她真诚地说："听说新四军好，抗日坚决，所以不远千里来这里。"当谈及她未完成的学业时，梁思宁说："新四军也是个大学校，我叫它抗日大学。"随后，她便被分配到战地服务团工作。梁思宁没想到,她很快就面临着更大的生死考验。

5月的一天夜里,一二三支队在经过敌占区的公路封锁线时,与日军的一支巡逻队相遇,受到敌袭。当时,战地服务团也受命向前冲,很多同志中弹倒下。面对残酷的战争,参军仅二十多天的梁思宁无畏果敢,勇往直前地冲过了封锁线!表现英勇的她,渐渐成长为一名优秀的女战士,并在次年3月加入了中国共产党。

就在梁思宁勇猛抗敌之时,她的兄弟姐妹们也在用各自的方式为国效力,在不同的地方,在不同的岗位上,坚守自身的信念。

五、怒斥日寇

1941年2月,梁思永突患重病,来势异常凶猛,让梁思成骇得手足无措。这种情况,其实是意料之中的。

梁思永本就体弱,再加上李庄物价太高,他终因工作辛苦和营养不良病倒了。由于自身抵抗力太差,梁思永的病越来越重,甚至威胁到了生命。为了使他好好养病,历史语言研究所所长傅斯年临时为他腾出三间房,钉上顶棚,装上玻璃,让梁思永能够晒到太阳。在抗战时期的内地,这种房子可谓天堂了。

但是,房子在山上,上山要走很多台阶,而梁思永一点儿也走不动。为了平稳与安全,梁思成亲自躺在担架上,请人抬着反复试验,直到万无一失时,才把梁思永送上山。与此同时,李福曼也精心护理着自己的丈夫。她给梁思永准备了专用的托盘和碗筷,准备了精细的饭菜,并在饭后对所有餐具严格消毒。她还每天为丈夫朗读英文小说和报纸,把生活安排得很有规律。

虽然有哥哥和妻子的精心扶助，但梁思永病得实在太重了，他过了一年才慢慢好起来。这让他错过了与弟弟妹妹的告别。

这一年7月，梁思懿和张炜逊在上海结婚。婚后一个月，他们就去了美国。梁思懿预备在南加州大学继续学习心爱的历史。他们走的时候，带着梁家这一代最小的儿子梁思礼。

梁思礼本要去北平读书的，因为他于同年高中毕业后，考上了燕京大学。但是，王桂荃的好友传来消息，为他在美国卡尔顿学院找到一个全额奖学金的名额。于是，十七周岁的梁思礼便跟着姐姐姐夫漂洋过海，来到他的哥哥们曾经就读的国度。谁知，他们到达美国不久，太平洋战争就爆发了，他们便和家里断绝了一切联系。

发生了这样的事情，身为大姐的梁思顺，怎能不心急如焚？她唯一能做的，就是时时刻刻关注着最新的报道。但是，由于美国对日本宣战，日寇为防有变，占领了燕京大学这七七事变后的"自由孤岛"。

梁思顺此时还带着孩子和梁思庄母女住在燕大。在教职工撤离前，日寇采取了恐怖的高压政策，几乎封锁了一切消息。为了屏蔽海外新闻，日本兵挨家挨户搜查收音机，禁止收听短波新闻。

当日寇查到梁思庄家里时，梁思顺站了出来，用日语严厉地说："不许你们动我的无线电，不然，我就把它砸烂！"日本兵听了，不知梁思顺是什么来历，就不敢动梁家的收音机，灰溜溜地走了。

原来，梁启超流亡日本时，梁思顺曾在日本人下田歌子办的女子师范读过书。因此，她的日语说得非常好，不但语言流利，而且能熟练运用宫廷语言。所以,她一开口,日本人就知道她的身份一定很高贵。而梁思顺也以此为武器,和日寇进行周旋。

日本人离开梁家后,梁思顺的事传遍了燕园。众人在赞叹她的勇气和担当时,也被她的故事所鼓舞,能在危难中变得乐观起来,当然,其中最乐观的那批人,还是梁家人。他们无论面对何种困境,都能露出真心的笑容。

六、石桥铺的笑声

1942年4月以后,梁思成、梁思永的生活得到大大改善,林徽因的体重也增加了七斤多。原因很简单,他们的经济情况得到好转。而好转的原因,则是傅斯年的一封信。

为了帮助、保护梁家兄弟,傅斯年给教育部部长朱家骅写信,请求为他们拨款。傅斯年的第一条理由是这样写的:

> 梁任公虽曾为国民党之敌人,然其人于中国新教育及青年之爱国思想上大有影响启明之作用,在清末大有可观,其人一生未尝有心做坏事,仍是读书人,护国之役,立功甚大,此亦可谓功在民国者也。其长子、次子,皆爱国向学之士,与其他之家风不同。国民党此时应该表示宽大……

傅斯年的雪中送炭之举,解决了梁家的大问题,也得到梁家真诚的感谢。

在生计问题解决后,梁思成便有时间去看望不在身边的弟弟梁思达。谁知,在他去之前,梁思庄母女先去了。

当梁思庄随着燕京大学南迁时,她带着吴荔明去重庆探望了梁思达一家。梁思达当时在中国银行工作,却住在离重庆较远的小镇石桥铺。这里的条件与梁思达自幼成长的饮冰室可谓天差地别。可是,即便住在小草房中,梁思达还是保持着一贯的稳重、安静。他的夫人俞雪臻即便在清贫中,也把小家庭料理得温暖舒适:房间打理得干净整齐,每件东西都安排在合适的地方。

梁思庄到来时,刚好梁思达的次女出生。这位大名梁任又的小姑娘,此时还未取名字,但是很受表姐吴荔明的喜爱。一天,俞雪臻在院子里给小梁任又洗澡。小BooBoo看在眼里,觉得这个小表妹皮肤红红的,蜷缩着像只小虾,就大声说:"她姐姐小名叫小鱼,就叫她小虾吧!"大家听了,都很赞同。

之后,梁思成也到石桥铺探望弟弟一家。当时,中国银行的总经理得知此事,想让梁家大公子住高级住宅。梁思成不同意,他说:"我要和弟弟一家住在草房里。"在梁思达的小草房里,梁思成给小鱼和小虾画了张"耗子娶亲"图。在一条长长的纸上,各种姿态的耗子都穿着衣服,有的吹喇叭,有的抬轿子,看着就觉得有意思极了。再加上梁思成妙趣横生的讲解,姐妹俩开心得又笑又拍手。而梁思成之所以画这幅图,很大一部分缘由是梁思达。梁家人皆知,梁启超昵称为"达达"的儿子,正是属老鼠的。

梁家人都还知道的是,梁思成一直是家中的幽默大师,开口就是妙语连珠,到老都"本性难移"。莫说调侃自家兄弟了,调侃起自己的儿子,梁思成更是"毫不手软"。

七、欢喜冤家

石桥铺的笑声未歇,重庆大学的笑声又响起来了。

七七事变后,南开中学迁到了重庆。梁思成便带着儿子梁从诫到重庆读书。巧的是,梁思庄带着吴荔明住在重庆大学。一天,梁思成对梁思庄说:"三妹,我免费借给你个'活动秤砣',过几天你再还给我好吗?"梁思庄正莫名其妙之际,只听得梁思成又说:"小弟这个秤砣我实在扛不动了。"然后,梁从诫便被留在了梁思庄住处。原来,梁思成觉得梁从诫整天跟着他,实在影响他公务,就设了此法,让妹妹母女笑不可抑。

过了几天,梁从诫又无可奈何地回来了。因为,南开中学有严格的校规,要求男生一律剃光头。偏偏梁从诫舍不得,就留了个小平头。于是,他就被梁思成严厉批评了,只得剃了光头回来。结果,梁思成又开玩笑,对着小吴荔明的耳朵说:"他就是怕当和尚。"从此,重庆的梁家人就拿梁从诫的光头开心。

也许,笑声是最好的预兆。1945年,抗战胜利了!日本签署投降条约,第二次世界大战结束了。听到这个消息时,王桂荃在天津,梁思顺在北平,梁思懿在纽约,而梁思永的妻女正在李庄开往重庆的船上……

无论如何,四散的梁家人开始慢慢聚在一起。王桂荃移居北平西单的手帕胡同。梁思成、梁思永全家也回到了北平。梁思达去了上海,却把妻女暂时安置在天津。梁思顺虽然就在北平,但是,她拒绝出席国民党的"国民大会"。这在梁家人看来,是很符合梁思顺个性的做法。总之,不论世事如何变化,梁家人笑还是笑,闹还是闹,仿佛从未受过影响。

1947年，梁思顺家有一次难得的聚会。说是难得，是因为林徽因和梁思永都来了。这一年，因为结核病菌侵入肾脏，林徽因不得不切除了一个肾，故此，她很少出门。而梁思永始终被病魔困扰，1946年复员时，他是躺着回到北平的。而那一天，难得天气好，难得人员齐全，梁家人齐聚在象鼻子中坑三号的小四合院里，欣赏梁思顺种的葡萄和各色花朵。

突然，林徽因的说话声调高了起来，而且语速飞快。同时，梁思成却时不时地反驳一下，声音不大且慢条斯理。原来，他们对花草的布局及一些其他事情产生了分歧。随后，早就习以为常的王桂荃把大伙儿"轰"进屋里，只留梁思顺在那儿"调解"。然后，王桂荃对吴荔明等人说："唉！这一对爱吵嘴的欢喜冤家，别管他们，一会儿就没事了。"

果然，没过多久，梁、林二人便"雨过天晴"。在小一辈们看来，"欢喜冤家"这四个字，真是对他们夫妻关系的绝妙形容。他们恩爱了一辈子，却也吵了一辈子。当然，他们很少为鸡毛蒜皮的家庭琐事吵架，他们都是为业务而吵，是小一辈眼中的"高水平"吵嘴。

当梁家的小一辈们看着长辈时，别人也在看着他们，还发现他们的一个共同特点。

八、姐弟归来

梁启超的第三代们，有一种淡淡却特别的口音：北京话的底子，但个别字词听来接近天津话，或是南方方言。因为，他们大多生于1930年前后，童年就随父辈四处漂泊。口音，成为那个时代留下的痕迹。

对于梁启超遗孀王桂荃而言，她并不在乎孙子孙女们的口音，她在乎的是他们的平安与健康。眼前，她最挂念的是远在美国的小张郁文。

张郁文是梁思懿和张炜逊的女儿。由于战争，她从出生起，就没有见过梁家亲友。但是，小张郁文从母亲梁思懿的身上，还是能感受到梁氏一门的风格的，尤其是梁家人那种对国家的深切热爱。

梁思懿从1944年至回国前，一直住在纽约。她不改之前本色，依然积极参加各种爱国活动。不论是哥伦比亚大学中国留学生的左派爱国运动，还是宋庆龄的"中国福利会"为解放区举行的募捐活动，都有她的身影。她一直盼着中国能够真正站立起来。

与梁思懿一样在美国奋斗的，还有梁思礼。出国后，他先在卡尔顿学院学习了两年，一直名列前茅。1943年，他申请到了美国《租借法案》中对留美中国学生的生活津贴，便进入有工程师摇篮之称的普渡大学电机工程系，主修无线电，从此踏进了自然科学的研究领域。

梁启超生前，一直遗憾自己孩子没有学习自然科学的。孰料，在他去世十多年后，他最宠爱的幼子梁思礼实现了他的心愿。

梁思礼也没有辜负梁家人的期望。他像他的哥哥们一样刻苦，只用了两年就修完三年的课程。由于失去了家庭经济支持，他的大学生活过得非常清苦。做侍者、做洗碗工、做救生员、做罐头厂工人……在被视作"黄祸"、饱受歧视的环境里，他什么苦都吃过，什么累活都做过，却依然保有在困境中发愤图强的勇气和毅力！只用了两年，他就得到了普渡大学的学士学位。又用了两年，他就取得了辛辛那提大学的硕士学位。又用了两年，他就获得了博士学位，并得到了中华人民共和国成立的消息！

没有任何犹豫，梁氏姐弟作出了归国的决定。

定下归期后，梁思懿先给王桂荃写信。这位十多年前就加入中国共产党的老革命，这位性格豪迈能一手抱孩子一手开车穿越美国东西部的女丈夫，在给家人写信时，却是柔情刻骨。她开篇即说："娘：离别了将近十年，我们就要回来看您老人家了。"她一想到还有两个月便能到家，就"高兴得不得了"。

因为订票和船费的问题，梁思礼不能和姐姐同行。他只得取道香港，再转天津，然后去北平。其实，1949年是他的重要转折点。当时，所有要回国的留学生都面临着两个选择：台湾？还是大陆？但是，他和姐姐毫不犹豫地选择了大陆，选择了回到家人身边。

1949年10月1日，在横跨太平洋的轮船上，大家听到了中华人民共和国成立的广播。梁思礼和所有进步同学一起欢呼雀跃、喜极而泣。当他们听到国旗是五星红旗时，就立刻找出一块红布。但是，没有人知道五星如何摆放，就临时决定在中央放一颗大星星，四角各放一颗小星星。他们用这面"国旗"，开了一个隆重的庆祝会！

之后，梁思礼回到阔别八年的梁家，见到了日思夜想的母亲和哥哥姐姐们。至此，梁启超的九个子女，全都在抗战中或中华人民共和国成立前夕回到祖国。爱国这件事，对于梁家而言，从来都是以行动来证明的。

九、母亲树的纪念

时光荏苒，岁月如梭。"双涛园群童"的后传曲折离奇，民国的"小不点点们"也各有奇遇。当人们称赞梁家"一门三院士，九子皆才俊"时，当人们赞叹梁启超"九个子女，个个英才"时，也许不会想到，他们还曾受到了"君埋泉下泥销骨，我寄人间雪满头"的悲伤苦痛，他们还曾经历了"忽报人间曾伏虎，泪飞顿作倾盆雨"的悲喜加交。

一念，就是桑田沧海，碧落黄泉；一眼，就是浮生浊世，离合悲欢。

在将近半个世纪的时光逝去后，梁启超还在世的儿女，只剩下梁思达、梁思宁和梁思礼。他们在怀念梁启超的同时，也万分怀念王桂荃。当想到王桂荃连骨灰都不知在哪里时，梁家人共同怀有一个愿望，想找出一种最好的方式来寄托对"娘"的哀思。

随后，由梁思达和梁思礼主持，梁家人在广东省新会县召开了家庭会议。大家终于想到一个好办法，在梁启超的坟园内种一棵树，作为王桂荃的象征，也用来寄托大家的思念。而经费则由梁家人自己筹集，本着勤俭节约的原则，以户为单位，需要多少就集资多少。

1995年4月5日，母亲树种植成功。这棵树位于梁启超墓的平台上，靠近大墓碑偏东北的方向，是王桂荃生前所喜欢的位置。树种则是四季常青的白皮松，象征着王桂荃洁白高尚的美德。为了说明这棵树，梁家人还请清华建筑系的博士设计了说明碑，并由梁思成长女梁再冰撰写碑文。碑文经梁思达和梁思礼"审查"通过。

在《母亲树》碑文中，梁氏后人赞美王夫人"豁达开朗，心地善良，聪慧勤奋，品德高尚，在民族忧患和家庭颠沛之际，协助李夫人主持家务，与梁氏共度危难"，赞扬王夫人"不辞辛苦，体恤他人，牺牲自我，默默奉献，挚爱儿女且教之有方"，感恩王夫人"无论梁氏生前身后，均为抚育子女成长付出心血，其贡献于梁氏善教好学之家良多"。

在碑文的最后，梁家后人叙说了对王桂荃的无尽哀思："梁氏子女九人（思顺、思成、思永、思忠、思庄、思达、思懿、思宁、思礼）深受其惠，影响深远，及于孙辈。缅怀音容，愿夫人精神风貌常留此园，与树同在，待到枝繁叶茂之日，后人见树，如见其人。"

1995年4月23日，梁家全家又聚集在梁墓。八十八岁的李福曼、八十三岁的梁思达、七十九岁的梁思宁都来了。全家大小四代人，面对"母亲树"共同悼念王桂荃。之后，梁氏一家四十多人环绕在《母亲树》碑旁，合影留念。他们还会遵秉一代传奇梁启超的教诲，继续开枝散叶，活出独属自己的传奇。

梁启超墓园之母亲树

附录　任公家事小记

1755年　梁启超高祖梁上悦出生。

1781年　梁启超祖母黎氏之父中探花。

1782年　梁启超曾祖梁炳昆出生。

1815年　梁启超祖父梁维清出生。

1817年　梁启超祖母黎氏出生。

1849年　梁启超之父梁宝瑛出生。

1873年　梁启超于2月23日（正月二十六日）出生。黎氏去世。

1879年　梁启超次妹出生，后夭折。

1880年　梁宝瑛设教于乡。

1882年　梁启超第一次参加童子考试。

1883年　梁启超游学坊间，得张之洞之书。梁启超三弟出生，五岁夭折。

1884年　梁启超中秀才，为祖父求取寿序。

1886年　王桂荃出生。

1887年　梁启超就读于广东最高学府学海堂。母亲赵氏难产去世。

1889年　梁启超乡试中举。李端棻许配其妹。梁宝瑛带梁启超平息村与村之间的纠纷。

1890年　梁启超进京参加会试，接触西学译书，后拜访康有为。

1891年　梁启超入京与李蕙仙成婚。

1892年　梁启超会试未通过。梁维清去世。

1893年　梁启超长女梁思顺出生。

1894年　梁启超携妻女入京。李夫人探亲，把王桂荃带到梁家做丫鬟。

1898年　戊戌变法失败，梁启超流亡日本。梁宝瑛、李蕙仙避难澳门。李端棻被革职发配。

1899年　梁启超妻女赴日。

1900年　梁启超遇见何蕙珍。

1901年　梁启超之子梁思成生于东京。

1903年　梁启超与王桂荃成婚。

1904年　梁启超次子梁思永出生。

1906年　梁启超获赠双涛园。

1907年　梁启超三子梁思忠出生。

1908年　梁启超二女梁思庄出生。

1910年　梁启超为长女梁思顺写诗过生日。

1912年　梁启超四子梁思达出生。梁启超告别家人回国，结束了十四年的流亡生活。

1913年　双涛园群童归国。

1914年　梁启超三女梁思懿出生。

1915年　梁思顺与周希哲成婚。梁宝瑛过66岁生日。梁思成进入清华园读书。李蕙仙罹患乳腺癌。梁启超反对袁世凯称帝，与李夫人道别。

1916年　梁宝瑛在香港去世，梁启超未见父亲最后一面。梁启超四女梁思宁出生。蔡锷病逝，梁启超带领梁启勋、梁思顺、梁思成私祭。

1919年　梁思成初识林徽因。梁启超要求他自己的婚姻自己定。

1922年　梁启超心脏出现异状。

1923年　梁思成、梁思永遭遇车祸。

1924年　梁启超五子梁思礼出生。李蕙仙因乳腺癌复发去世。

1925年　林长民遇难。梁启超写信关心梁思成与林徽因。

1926年　梁启超六子"小同同"出生。徐志摩与陆小曼举行婚礼，梁启超作惊人发言。梁启超做手术，被割右肾。梁思达进入南开中学读书。

1927年　"小同同"夭折。康有为去世，梁启超为其操办身后事。梁启超为梁思成准备文定礼。

1928年　梁思成与林徽因成婚。梁启超旧疾复发。

1929年　梁启超于1月19日逝世。梁思顺辗转回国。梁思成长女梁再冰出生。

1930年　梁思永哈佛大学毕业后回国。

1931年　梁思永与李福曼结婚。梁思庄学成归国。梁思顺在北平买房子。

1932年　梁思忠去世，年仅二十五周岁。梁思成次子梁从诫出生。

1933年　梁思永独女梁柏有出生。梁思庄和吴鲁强结婚。

1934年　梁思庄独女吴荔明出生。

1935年　梁思懿投身学生运动。

1936年　吴鲁强去世，梁家接回梁思庄母女。梁思懿改学历史。

1937年　梁思达从南开大学毕业，取得硕士学位。梁思顺和周希哲决不替日本人做事。梁家因"七七事变"而分散。

1938年　周希哲去世，梁思顺独自抚养孩子。

1939年　梁思达和俞雪臻结婚。

1940年　梁思宁投奔新四军。

1941年　梁思永突患重病，后好转。梁思懿与张炜逊成婚，带着梁思礼赴美国学习。太平洋战争爆发，梁思顺怒斥日本兵。

1943年　梁家兄妹相聚石桥铺。

1945年　抗战胜利后，王桂荃移居北京西单手帕胡同。梁思顺拒不参加国民党"国民大会"。

1949年　梁思懿、梁思礼姐弟归国。

1954年　梁思永去世。

1955年　林徽因去世。

1962年　梁思成与林洙结婚。

1966年　梁思顺去世。

1968年　王桂荃去世。

1972年　梁思成去世。

1986年　梁思庄去世。

1988年　梁思懿去世。

1995年　梁家四十多人聚于母亲树下。

参考书目

古籍类

1. 〔元〕脱脱等：《宋史》，上海古籍出版社，1986年。

2. 〔明〕宋濂等：《元史》，中华书局，1976年。

3. 〔清〕张廷玉等：《明史》，中华书局，1974年。

4. 〔清〕夏燮：《明通鉴》，中华书局，1959年。

5. 〔清〕龙文彬：《明会要》，中华书局，1956年。

6. 〔清〕谷应泰：《明史纪事本末》，中华书局，1977年。

7. 〔清〕赵尔巽等：《清史稿》，中华书局，1977年。

8. 〔清〕允裪等：《钦定大清会典则例》，台湾商务印书馆，1983年。

9. 中华书局影印：《清实录》，中华书局，1986年。

著作类

1. 孟宪承：《中国古代教育文选》，人民教育出版社，1979年。

2. 孟祥才:《梁启超传》,北京出版社,1980年。

3. 陈景磐:《中国近代教育史》,人民教育出版社,1983年。

4. 梁启超著,李华兴、吴嘉勋编:《梁启超选集》,上海人民出版社,1984年。

5. [美]勒文森著,刘伟译:《梁启超与中国近代思想》,四川人民出版社,1986年。

6. 史凤仪:《中国古代婚姻与家庭》,湖北人民出版社,1987年。

7. 梁启超:《饮冰室合集》,中华书局,1989年。

8. 梁启超著,夏晓虹编:《梁启超文选》,中国广播电视出版社,1992年。

9. 宋仁:《梁启超教育思想研究》,辽宁教育出版社,1993年。

10. 杨天宏:《新民之梦——梁启超传》,四川人民出版社,1995年。

11. 夏晓虹:《追忆梁启超》,中国广播电视出版社,1997年。

12. [美]张灏著,崔志海、葛夫平译:《梁启超与中国思想的过渡》,江苏人民出版社,1995年。

13. 马镛:《中国家庭教育史》,湖南教育出版社,1997年。

14. 新会县地方志编纂委员会:《新会县志》,广东人民出版社,1998年。

15. 袁伟时:《中国现代思想散论》,广东教育出版社,1998年。

16. 罗检秋:《新会梁氏——梁启超家族的文化史》,中国人民大学出版社,1999年。

17. 赵园:《明清之际士大夫研究》,北京大学出版社,1999年。

18. 梁启超:《梁启超全集》,北京出版社,1999年。

19. 梁启超著,张品兴编:《梁启超家书》,中国文联出版公司,

2000年。

20. 商友敬等：《万金家书》，上海人民出版社，2002年。

21. 丁宇、刘景云：《梁启超教子满门俊秀》，中华工商联合出版社，2002年。

22. 赵忠心：《中国家庭教育五千年》，中国法制出版社，2003年。

23. 郑匡民：《梁启超启蒙思想的东学背景》，上海书店出版社，2003年。

24. 骆风：《造就卓越人才——北京大学博士家庭教育探析》，商务印书馆，2003年。

25. 林洙：《梁思成、林徽因与我》，清华大学出版社，2004年。

26. 罗荣渠：《现代化新论》，商务印书馆，2004年。

27. 余英时：《中国思想传统的现代诠释》，江苏人民出版社，2006年。

28. 朱永新：《沟通与融合——中国近现代教育思想史》，人民教育出版社，2004年。

29. 梁启超：《梁启超演讲集》，天津古籍出版社，2005年。

30. 蒋广学、何卫东：《梁启超评传》，南京大学出版社，2005年。

31. 董方奎、陈夫义：《梁启超论教育》，海南出版社、三环出版社，2007年。

32. 梁启超：《际遇：梁启超家书》，北京出版社，2008年。

33. 梁启超：《梁启超文集》，线装书局，2009年。

34. 李喜所、袁青：《梁启超传》，人民出版社，2010年。

35. 丁文江、赵丰田：《梁任公先生年谱长编》，中华书局，2010年。

36. 郑流爱：《平生怀抱在新民——梁启超的历史教育思想与实践》，

教育科学出版社，2010年。

37.吴荔明：《梁启超和他的儿女们（第二版）》，北京大学出版社，2013年。

38.吴其昌：《梁启超传——中国宪政启蒙百年第一人》，江苏人民出版社，2014年。

论文类

1.南钢：《我国家庭教育的近代转型》，学位论文，西北师范大学，2001年。

2.张晓蓓：《清代婚姻制度研究》，学位论文，中国政法大学，2003年。

3.叶前进：《梁启超的教育现代化思想研究》，学位论文，华中师范大学，2006年。

4.张红霞：《梁启超家庭教育思想研究》，学位论文，华中师范大学，2006年。

5.常刚：《梁启超历史教育思想研究》，学位论文，西南大学，2006年。

6.鲁春燕：《梁启超家庭教育思想研究》，学位论文，陕西师范大学，2007年。

7.黎玮：《公德利群　私德修身——论梁启超的德育思想》，学位论文，江西师范大学，2008年。

8.邵引娣：《梁启超女性教育思想研究》，学位论文，陕西师范大学，2008年。

9.白晓剑：《梁启超德育思想研究》，学位论文，南开大学，2009年。

10. 单璐：《梁启超的家庭教育思想及现代启示初探》，学位论文，上海师范大学，2011年。

11. 贾旭东：《梁启超文化思想研究》，学位论文，安徽大学，2011年。

12. 王晔华：《梁启超家教思想对现代思想政治教育的启示》，学位论文，重庆理工大学，2011年。

13. 廖俊宇：《梁启超家教思想及其现代启示》，学位论文，海南大学，2013年。

14. 南冰：《"淬厉""采补""而新之"——梁启超文化思想主流简析》，《清华大学学报（哲学社会科学版）》1990年第1期。

15. 李大华：《梁启超文化观寻迹与反思》，《江汉论坛》1994年第4期。

16. 叶存洪：《"滴自己的汗，吃自己的饭"——梁启超家庭教育思想述微》，《江西教育学院学报（社会科学）》1995年第1期。

17. 王凡：《从梁启超文化思想变迁看中国文化前景》，《佛山大学学报（社会科学版）》1996年第1期。

18. 陈其泰、安静波：《20世纪初梁启超对中国学术思想演进的宏观考察》，《北京师范大学学报（社会科学版）》1998年第4期。

19. 钟庆：《梁启超成功的家庭教育》，《文史杂志》1998年第5期。

20. 李宝红：《梁启超文化观述论（人文社会科学版）》，《华中师范大学学报》1998年第5期。

21. 陈敏荣：《对梁启超文化观的重新审视和评价》，《中南民族大学学报（人文社会科学版）》2008年第1期。

22. 林家有：《社会转型与教育改造——论梁启超的人才观》，《中山大学学报（社会科学版）》2004年第1期。

23. 赵永进、雷芳：《梁启超的家庭教育思想探析》，《青海民族学院学报（教育科学版）》2003年第1期。

24. 崔荣华：《梁启超的家教之道》，《南通师范学院学报（哲学社会科学版）》2004年第4期。

25. 崔荣华：《论近代教育先驱梁启超的教育思想》，《湖北社会科学》2004年第5期。

26. 董方奎：《梁启超对近代中国教育的主要贡献》，《华中师范大学学报（人文社会科学版）》2006年第4期。

27. 丁跃忠：《"子女皆才俊"——梁启超的成功家庭教育》，《决策与信息》2007年第12期。

28. 张杰：《清代科举制度与传统政治文化》，《河南大学学报（社会科学版）》2004年第3期。

29. 郑宏林：《梁启超怎样当父亲》，《政府法制》2011年第30期。

30. 金大宝、栗斌：《梁启超的家庭教育对当代家庭教育的启示》，《太原师范学院学报（社会科学版）》2012年第5期。

31. 陈漱渝：《"学做现代人"——梁启超的教育思想》，《鲁迅研究月刊》2015年第11期。

32. 赖骏楠：《梁启超政治思想中的"个人"与"国家"——以"1903年转型"为核心考察对象》，《清华法学》2016年第3期。

33. 孙清海：《论梁启超"善变"的孔教观》，《山东师范大学学报（人文社会科学版）》2016年第4期。

34.陈绍西:《略论梁启超的学术观》,《成都理工大学学报(社会科学版)》2017年第1期。